Highlights der römischen Geschichte

Lektüretraining mit Eutrops Breviarium Historiae Romanae

bearbeitet von Michael Lobe

C.C.BUCHNER VERLAG

Lektüreklassiker fürs Abitur

Herausgegeben von Michael Lobe

Heft 13: **Highlights der römischen Geschichte.**
Lektüretraining mit Eutrops Breviarium Historiae Romanae
wurde bearbeitet von Michael Lobe

1. Auflage, 1. Druck 2021

Alle Drucke dieser Auflage sind, weil unverändert, nebeneinander benutzbar.

Dieses Werk folgt der reformierten Rechtschreibung und Zeichensetzung. Ausnahmen bilden Texte, bei denen künstlerische, philologische oder lizenzrechtliche Gründe einer Änderung entgegenstehen.

Redaktion: Laura Kampmann

Layout und Satz: ideen.manufaktur, Bochum

Druck und Bindung: Brüder Glöckler GmbH, Wöllersdorf

www.ccbuchner.de

ISBN 978-3-661-**53073**-4

Vorwort

Liebe Schülerin, lieber Schüler,

endlich ist es so weit: Nach einigen Jahren Lehrbuchunterricht kannst du römische Schriftsteller wie Cäsar, Cicero oder Catull im Original lesen. Das vorliegende Arbeitsheft soll dir helfen, in dreierlei Hinsicht für genau diese Originallektüre fit zu werden. Wenn du es durchgearbeitet hast, wirst du nicht nur deinen **Wortschatz** gesichert und erweitert, sondern auch die **wichtigsten Grammatikstoffe** wiederholt und verinnerlicht haben – und nicht zuletzt wirst du dir in kompakter Form noch einmal einen **Überblick über die gesamte Geschichte Roms** mit ihren Epochen und markantesten Persönlichkeiten verschafft haben.

Das Heft ist nach den drei Phasen der römischen Geschichte gegliedert: **Königszeit**, **Republik** und **Kaiserzeit**. Diesen Großabschnitten ist jeweils eine einführende Doppelseite vorgeschaltet; hier kannst du im Laufe der Lektüre auf einem Zeitstrahl die wichtigsten Daten und Ereignisse eintragen oder auch kleine Zeichnungen ergänzen oder weitere Bilder aufkleben.

Die Kapitel sind nach einem **Doppelseitenprinzip** aufgebaut: Auf der **linken Seite** findest du zu Beginn eine Übung zum Wortschatz, die dich gezielt für die im Lesestück benötigten Vokabeln fit macht (hier finden sich insbesondere die 500 statistisch belegten häufigsten Wörter der lateinischen Literatur). Es folgt eine knappe Erklärung mit Beispielen, Wiederholung und Übungsmöglichkeit des **Grammatikstoffes**, der für das jeweilige Lesestück besonders wichtig ist. Schließlich folgen **wissenswerte Sachinformationen** zum lateinischen Text. Diese linke Seite ist gewissermaßen die Startrampe: Wenn du die bewältigt hast, bist du bestens vorbereitet auf die Bearbeitung der **rechten Seite**, auf der du den **lateinischen Text mit Erschließungsaufgaben** findest. Dem Charakter eines Arbeitsheftes entsprechend kannst und sollst du den Text mit eigenen Farbmarkierungen oder Unterstreichungen bearbeiten (✎).

Zu jedem Text findest du am Ende des Heftes einen **Lernwortschatz**, den du dir vor der Lektüre des entsprechenden Kapitels einprägen solltest. Ein ausführliches **Eigennamenverzeichnis** mit Angaben zu den vorkommenden Personen, Städte-, Länder- und Völkernamen vertieft und erweitert dein Wissen.

Viel Vergnügen beim Eintauchen in die spannende Geschichte Roms!

1 Die Königszeit

Die Königszeit umfasst eine Zeitspanne von rund 250 Jahren. Sie erstreckt sich von der Gründung Roms (der Sage nach 753 v. Chr.) durch den ersten König Romulus bis zur Vertreibung des siebten und letzten Königs Tarquinius Superbus (510 v. Chr.) durch Brutus.

Das Königtum in Rom war eine aristokratische Republik, d.h. ein Staat, in dem eine kleine Elite vollberechtigter Patrizier (*nobiles*) über die minderberechtigten Plebejer (*plebs*) herrschte. Die Patrizier waren reich, hatten Großgrundbesitz und namhafte Vorfahren. Sie allein waren zu politischer Mitarbeit berechtigt. Die Plebejer waren arm und von jeglicher politischen und juristischen Macht ausgeschlossen. Der König war eine Art republikanischer Präsident. Er wurde vom Senat (Versammlung der Oberhäupter großer Adelsfamilien) vorgeschlagen und von den Kuriatskomitien (Versammlung aller Patrizier) gewählt. Der König war zugleich Oberhaupt der Staatsreligion. Ihm standen Priester zur Seite, die alle aus den Reihen der Patrizier stammten.

Nach Romulus herrschten sabinische und etruskische Könige über Rom: Mit Romulus (753–715 v. Chr.) herrschte ein Latinerkönig, mit Numa Pompilius (715–673 v. Chr.), Tullus Hostilius (673–641 v. Chr.) und Ancus Marcius (641–616 v. Chr.) drei Sabinerkönige und mit Lucius Tarquinius Priscus (616–578 v. Chr.), Servius Tullius (578–534 v. Chr.) und Lucius Tarquinius Superbus (534–510 v. Chr.) drei Etruskerkönige.

Allerdings entstammt die Frühgeschichte Roms Sagen und Legenden und kann deshalb nicht als gesicherte Rekonstruktion der Vergangenheit gelten.

753 v. Chr.

L. TARQVIN SVBERBVS
510 v. Chr.

1.1 Die Gründung der Stadt Rom und der erste König Romulus

VOR DEM TEXT

W Wortschatz-Tipp: Erschließen lateinischer Wörter aus dem Englischen

Das Lateinische hat viele europäische Sprachen beeinflusst. Oft kannst du lateinische Wörter auch aus der Kenntnis des Englischen ableiten. Erkläre so die folgenden Wörter aus dem Text:

virgo → engl. *virgin*
populus → engl. *people*
spectaculum → engl. *spectacle*
mons → engl. *mountain*
natio → engl. *nation*
tempestas → engl. *tempest*

G Wiederholung: Ablativus absolutus

Ablativus absolutus nennt man eine **Verbindung von Substantiv und Partizip**, die beide im Ablativ stehen und vom übrigen Satz losgelöst (absolut) sind. Diese Verbindung sollte z.B. in einen deutschen Nebensatz umgeformt werden.

Steht der Abl. abs. mit **Partizip Perfekt Passiv**, herrscht das Zeitverhältnis der Vorzeitigkeit (Hilfsübersetzung „nachdem").

Bsp.: ***Laboribus perfectis*** *gaudebam*. **Nachdem / Weil die Arbeiten vollbracht waren**, freute ich mich.

Civitate condita Romulus gaudebat.

____

Orta controversia (Streit) Romulus fratrem interfecit.

____

1 Die Geburt von Romulus und Remus

Amulius, der König von Alba Longa, soll seinen Bruder Numitor vom Thron gestürzt und dessen Tochter Rea Silvia dazu gezwungen haben, Vestapriesterin mit einem Keuschheitsgelübde zu werden, damit keine Kinder als Konkurrenten um die Thronnachfolge entstehen konnten. Trotzdem gebar Rea Silvia mit Gott Mars die Zwillinge Romulus und Remus, die auf Befehl des Königs in einem Weidenkorb auf dem Tiber ausgesetzt wurden. Eine Wölfin rettete sie und säugte sie, bis der Hirte Faustulus die Zwillinge großzog, ohne ihre Herkunft zu kennen.

2 Das Asyl und der Raub der Sabinerinnen

Weil das neu gegründete Rom zu wenige Einwohner hatte, eröffnete Romulus ein Asyl, eine Zufluchtsstätte, in die Menschen kamen, die ein neues Leben beginnen wollten, Vertriebene, Sklaven und flüchtige Straftäter. Da Frauenmangel herrschte, griff Romulus zu einer List: Er lud benachbarte Städte zu einem Schauspiel ein und ließ dabei durch Soldaten die unverheirateten Frauen der Sabiner rauben. Unter ihnen war Hersilia, die die Ehefrau des Romulus wurde. Sie spielte beim Rachekrieg der Sabiner gegen Rom eine wichtige Rolle: Sie soll sich mit anderen Frauen zwischen die Heere des Sabinerkönigs Titus Tatius und des Romulus geworfen haben, um das gegenseitige Töten zu verhindern – mit dem Argument, dass auf der einen Seite ihre Brüder und Väter, auf der anderen ihre Männer und Kinder sterben würden.
So kam es der Sage nach zur Verbrüderung der Feinde.

Jacques-Louis David (1748-1825): Die Sabinerinnen.

„753 - sprang Rom aus dem Ei" - Eutrop erzählt die sagenhaften Anfänge der Stadt.

Romanum imperium (...) a Romulo exordium habet, qui Reae Silviae, Vestalis virginis, filius et Martis cum Remo fratre uno partu editus est. Is cum inter pastores latrocinaretur, decem et octo annos natus urbem exiguam in Palatino monte constituit (...). Condita civitate, quam ex nomine suo Romam vocavit, haec fere egit. Multitudinem finitimorum in civitatem recepit, centum ex senioribus legit, quorum consilio omnia ageret, quos senatores nominavit propter senectutem.

Tum, cum uxores ipse et populus suus non haberent, invitavit ad spectaculum ludorum vicinas urbi Romae nationes atque earum virgines rapuit. (...)

Et cum orta subito tempestate non comparuisset, anno regni tricesimo septimo ad deos transisse creditus est et consecratus.

ūnō partū ēdī: zusammen geboren werden

latrōcinārī: sein Räuberunwesen treiben

exiguus: klein

fīnitimus: der Nachbar

seniōrēs, um: die Älteren

senectūs, ūtis: das Alter

spectāculum lūdōrum: das Schauspiel

K. et cum Rōmulus nōn comparuisset (ortā subitō tempestāte), crēditus est ... ad deōs trānsisse - **compārēre:** vorhanden sein, zu sehen sein - **cōnsecrāre:** zum Gott ernennen

1. Unterstreiche im Text alle Ablativi absoluti.
2. Erkläre aus dem Text die Herkunft der Begriffe „Rom" und „Senat".
3. Markiere in i 2 und im lateinischen Text die Maßnahmen des Romulus zur Förderung des Wachstums Roms.
4. Nimm ausgehend vom Text und i 2 Stellung zu der These, dass die Anfänge Roms sich auch krimineller Energie verdanken.
5. Erläutere Situation und Personen des Gemäldes auf der Grundlage von i 2.
6. Recherchiere zum rätselhaften Tod und zur Gottwerdung des Romulus.

1.2 Der Friedenskönig Numa Pompilius

W **Wortschatz-Tipp: Zahlen**

Eutrop verwendet Ordnungszahlen, um Herrschaftszeiträume, Lebensdauer oder Jahreszahlen exakt anzugeben, z.B. *anno regni tricesimo septimo* (im 37. Jahr der Königsherrschaft).
Erschließe mithilfe der Tabelle auf S. 42 folgende Angaben:
quadragesimo et tertio anno imperii - quingentesimo et quadragesimo anno - anno urbis conditae sescentesimo sexagesimo secundo - anno urbis septingentesimo ac nono

G **Wiederholung: Doppelter Akkusativ**

Ein doppelter Akkusativ tritt v.a. bei den folgenden Verben auf: *putare, ducere, dicere, appellare, habere, facere, reddere.* Stehen dieselben Verben im Passiv, liegt ein doppelter Nominativ vor.

Bsp.: ***Te regem duco.*** Ich halte dich für einen König.
Tu rex appellaris. Du wirst König genannt.

Romulus se felicem putat.

___

Romulus felix putatur.

___

Romani domini orbis terrarum putabantur.

___

 **1 Numa Pompilius**

Wie Romulus ist der Sabiner Numa eine mythische Figur der Sage. Er galt als weiser Mann, der dazu gedrängt werden musste, den römischen Königsthron zu übernehmen. Anders als der kriegerische Romulus strebte er nach Frieden und zivilisierte die gewalttätigen Römer, indem er aus Soldaten und Räubern Bauern machte, feste Gesetze schuf und den Glauben an Götter förderte - durch den Bau von Tempeln und die Gründung von Priesterschaften. Um seine Beschlüsse als von den Göttern gewollt erscheinen zu lassen, täuschte er nächtliche Beratungen mit der Göttin Egeria vor.

 **2 Die Vorstellung des Goldenen Zeitalters**

Aus der Antike überliefert ist die mythische Vorstellung von sog. Weltzeitaltern. Das Goldene Zeitalter unter Saturn, dem Gott des Ackerbaus, galt als paradiesische Urzeit der Menschen. Die nachfolgenden Zeitalter (das Silberne, Erzene und Eiserne) hätten eine zunehmende Verschlechterung mit sich gebracht: Besitz, Hab- und Machtgier, Streit und Krieg. Im Goldenen Zeitalter waren Krieg und Verbrechen unbekannt; stattdessen herrschten Friede und Gerechtigkeit. Die Natur befriedigte die bescheidenen Bedürfnisse, ohne dass die Menschen arbeiten mussten. Außerdem gab es noch keinen Besitz und damit keinen Grund zum Streit. Die Menschen feierten die Herrschaft des Königs Numa als Wiederkehr dieses Goldenen Zeitalters.

Nach Romulus kam mit Numa Pompilius ein ganz anderer Charakter auf den Königsthron.

2 Postea Numa Pompilius rex creatus est, qui bellum quidem nullum gessit, sed non minus civitati quam Romulus profuit. Nam et leges Romanis moresque constituit, qui consuetudine proeliorum iam latrones ac semibarbari putabantur, et annum descripsit in decem menses (...), et infinita Romae sacra ac templa constituit. Morbo decessit quadragesimo et tertio imperii anno.

K. nam Rōmānīs (Dat. comm.) lēgēs et mōrēs cōnstituit – **cōnsuētūdine proeliōrum:** wegen der Gewohnheit, Kriege zu führen
sēmibarbarus: der Halbwilde – **dēscrībere** (Perf. **dēscrīpsī**) *hier:* unterteilen
dēcēdere (Perf. **dēcessī**): sterben

1. Unterstreiche im Text alle Relativsätze.
2. Erkläre aus dem Text, weshalb Numa als Friedenskönig bekannt war.
3. Markiere die Leistungen Numas im lateinischen Text und in i 1.
4. Erläutere anhand von i 2, weshalb die Herrschaftszeit des Numa Pompilius als eine Art Rückkehr zum Goldenen Zeitalter aufgefasst werden konnte.
5. Numa führte eine Kalenderreform ein, bei der das Jahr mit dem März begann. Erkläre davon ausgehend die Monatsbezeichnungen September, Oktober, November, Dezember.
6. Beschreibe die Abbildung genau (Körperhaltung, Farbgebung und Umgebung).

Numa Pompilius holt sich Rat in der Grotte der Nymphe Egeria.

1.3 Roms letzter König Tarquinius Superbus und der Beginn der Republik

VOR DEM TEXT

W Wortschatz-Tipp: Verkürzte Verbformen

Manchmal wird im Lateinischen in der a- und i-Konjugation das Tempuszeichen für das Perfekt weggelassen, z.B. *imperasset* statt *imperavisset* (er hätte befohlen). Auch in der 3. Person Plural des Perfekts findet sich statt der regulären Endung *-ērunt* bisweilen die Endung *-ēre*, z.B. *coepēre* statt *coepērunt* (sie haben begonnen). Bestimme die folgenden Formen: *laudasse - postulassent - nuntiasset - audistis - orasti - habuēre - fuēre*

G Wiederholung: Participium coniunctum (Pc)

Das Participium coniunctum ist, wie sein Name sagt, mit einem übergeordneten Nomen verbunden. Nicht immer trifft die wörtliche Übersetzung bzw. eine Wiedergabe mit Relativsatz den rechten Sinn; häufig hilft die Auflösung des Partizips in einen Nebensatz, der die entsprechende Sinnrichtung wiedergibt. Das Partizip Perfekt Passiv zeigt die Vorzeitigkeit, das Partizip Präsens Aktiv die Gleichzeitigkeit der Handlung an.

Bsp.: *Puer **perterritus** flebat.*
Der erschreckte Junge weinte. / Der Junge, der erschreckt worden war, weinte.
Nachdem / Weil der Junge erschreckt worden war, weinte er.

Bsp.: *Mater puerum **flentem** solabatur.*
Die Mutter tröstete den weinenden Jungen.
Die Mutter tröstete den Jungen, als / weil er weinte.

Numa rex leges curans laudabatur.

____

Rex a populo laudatus tamen saepe tristis erat.

____

1 Tarquinius Superbus – ein Tyrann auf dem Königsthron

Lucius Tarquinius Superbus war der Sage nach der siebte und letzte König von Rom. Seine Geliebte Tullia hatte ihm zum Thron verholfen, indem sie ihren Vater, König Servius Tullius, hatte umbringen lassen. Tarquinius ließ seine innenpolitischen Gegner und möglichen Rächer für den Mord an Tullius in Rom systematisch ermorden, ebenso viele Adelige, um mit deren Geld seine Kriege und Bauvorhaben in Rom zu finanzieren. Ihm werden die Errichtung der Abwasserkanäle (Cloaca Maxima) und der Bau des Jupitertempels auf dem Kapitol zugeschrieben. Die Untat seines Sohnes an Lucretia (→ i 2) führte schließlich zur Vertreibung des Königs und der Beendigung der Königsherrschaft in Rom. Für Jahrhunderte war das Wort *rex* in Rom ein Unwort geworden.

2 Der Fall Lucretia und der Beginn der römischen Republik

Bei der Belagerung Ardeas wetteten junge Offiziere darum, wer von ihnen die beste Ehefrau hätte. Einer von ihnen, Lucius Iunius Collatinus, führte seine Freunde heimlich zu seiner Frau Lucretia, Musterbild einer tüchtigen Hausfrau. Der Königssohn Sextus Tarquinius ritt in der nächsten Nacht heimlich zu ihr und vergewaltigte sie. Lucretia ließ dies Verbrechen an ihren Ehemann und Lucius Iunius Brutus melden. In deren Beisein erstach sie sich mit einem Messer, um nicht als Ehebrecherin weiterleben zu müssen, und verpflichtete die Anwesenden zum Widerstand gegen das Königshaus. Brutus organisierte einen Marsch auf Rom, der zur Vertreibung des Königs und seiner Sippe führte. Brutus und Collatinus wurden zu den ersten Konsuln der neugegründeten Staatsform, der römischen Republik, in der kein Einzelner mehr, sondern Volk, Senat und gewählte Beamte regierten.

Sextus Tarquinius bedrängt Lucretia. 16. Jh.

3 L. Tarquinius Superbus, septimus atque ultimus regum (...), Ardeam oppugnans imperium perdidit. Nam cum filius eius, et ipse Tarquinius iunior, nobilissimam feminam Lucretiam eandemque pudicissimam, Collatini uxorem, stuprasset eaque de iniuria marito et patri et amicis questa fuisset, in omnium conspectu se occidit. Propter quam causam Brutus, parens et ipse Tarquinii, populum concitavit et Tarquinio ademit imperium. Mox exercitus quoque eum, qui civitatem Ardeam oppugnabat, reliquit; veniensque ad urbem rex portis clausis exclusus est, cumque imperasset annos quattuor et viginti, cum uxore et liberis suis fugit. (...)
Hinc consules coepere, pro uno rege duo, hac causa creati, ut, si unus malus esse voluisset, alter eum, habens potestatem similem, coerceret. Et placuit, ne imperium longius quam annuum haberent, ne per diuturnitatem potestatis insolentiores redderentur, sed civiles semper essent. Fuerunt igitur anno primo ab expulsis regibus consules L. Iunius Brutus, qui maxime egerat, ut Tarquinius pelleretur, et Tarquinius Collatinus, maritus Lucretiae.

Ardea: Stadt in der Nähe Roms

iūnior: der Jüngere

idemque: und zwar - **stuprāre:** vergewaltigen
K. ea marītō et patrī et amīcīs dē iniūriā questa fuisset, in cōnspectū omnium sē occīdit
parēns, ntis *hier:* der Verwandte
concitāre: aufwiegeln

K. Rēx ad urbem veniēns ...

longius = diūtius - **annuum:** Zeitraum eines Jahres - **diūturnitās, ātis** f: lange Dauer
reddī: gemacht werden - **cīvīlis, e:** bürgernah

ab expulsīs rēgibus: seit Vertreibung der Könige - **maximē agere, ut:** am meisten dafür tun, dass

1. Markiere im Text alle Participia coniuncta mit PPA gelb, alle mit PPP rot.
2. Erkläre aus dem Text und i 1 den sprechenden Beinamen Superbus.
3. Belege am Text, inwiefern Vater und Sohn Tarquinius sich gleichen.
4. Erörtere mögliche Gründe für den Selbstmord der Lucretia.
5. Erläutere, welche Zeilen das Vorbild für die Illustration sein dürften.
6. Erkläre am Text die Prinzipien der Annuität und Kollegialität beim Amt der Konsuln.

2 Die Republik

Die Republik umfasst eine Zeitspanne von rund 500 Jahren: von der Gründung der Republik durch Brutus 509 v. Chr. bis zur Einführung des Prinzipats unter Kaiser Augustus 27 v. Chr.

Der Begriff Republik leitet sich vom lateinischen *res publica libera* ab, der „gemeinsamen Angelegenheit eines vom Königtum befreiten Volkes". Der Sage nach soll Brutus den letzten König Tarquinius Superbus vertrieben, damit das Königtum beendet und die neue Staatsform der Republik begründet haben. An die Stelle der Monarchie trat ein Staat, der auf einer Herrschaft von Senat und Volk beruhte, wobei zwei jährlich neu gewählte Konsuln dem Staatswesen voranstanden. Die römische Republik war jedoch nie eine Demokratie, da die adeligen Eliten die Politik nach wie vor maßgeblich prägten, aber das einfache Volk war über die Volksversammlung immerhin zu einem gewissen Grad in die politische Entscheidungsfindung miteinbezogen.

Man unterscheidet drei Phasen der Republik: Die **frühe Republik** (509 - ca. 265 v. Chr.) ist die Zeit der Herrschaftsausweitung Roms in Italien, die Zeit der Ständekämpfe und des Ausgleichs der Interessen zwischen Patriziern und Plebejern. Diese Frühphase galt den späteren Römern als die Zeit der vorbildlichen Helden und Vorfahren, der *exempla virtutis* und des *mos maiorum*.

Die **mittlere Republik** (264–133 v. Chr.) ist die Zeit der Machtausdehnung Roms über den gesamten Mittelmeerraum, die v.a. durch den Sieg über die See- und Handelsmacht Karthago besiegelt wird.

Die Phase der **späten Republik** (ca. 133–31 v. Chr.) ist gekennzeichnet durch Verteilungs- und Machtkämpfe innerhalb des zur Großmacht aufgestiegenen, durch seine Eroberungen und Provinzen reich gewordenen Rom: Es ist das Jahrhundert immer wieder aufflammender Bürgerkriege zwischen Einzelnen wie Marius und Sulla, Pompeius und Cäsar, Marcus Antonius und Octavian, der Marcus Antonius in der Seeschlacht von Actium 31 v. Chr. schließlich besiegt, die Republik beerdigt und als Alleinherrscher unter dem Titel Augustus die Kaiserzeit heraufführt.

509 v. Chr.

27 v. Chr.

2.1 Die frühe Republik

2.1.1 Camillus – der Retter Roms vor dem Galliersturm

W Wortschatz-Tipp: *quasi* als Subjunktion und als Adverb

Tarquinius Superbus sic agebat, quasi omnia sibi licerent.
Tarquinius Superbus handelte so, als ob / wie wenn ihm alles erlaubt wäre.
Tarquinius agebat quasi dictator.
Tarquinius handelte gleichsam wie ein Diktator.

Filius regis Lucretiam quasi praedam duxit.

____

Is crimen fecit, quasi supra legem staret.

____

G Wiederholung: Deponentien

Deponentien haben passive Form, aber aktive Bedeutung. Sie dürfen nicht mit dem Passiv normaler Verben verwechselt werden.

Bsp.: ***laudor*** ich werde gelobt – ***laudatus sum*** ich bin gelobt worden aber ***hortor*** ich ermahne – ***hortatus sum*** ich habe ermahnt

Brutus domum Lucretiae ingressus est.

____

Amici tristes eum secuti sunt.

____

VOR DEM TEXT

1 Camillus – Sage und geschichtliche Wirklichkeit

Marcus Furius Camillus galt den Römern als „vom Schicksal auserwählter Anführer" (*fatalis dux*), der v.a. wegen der Eroberung der etruskischen Stadt Veji und wegen seines Sieges über die räuberischen Gallier berühmt wurde. Historisch gesichert ist aber nur, dass Camillus mehrmals Konsul war, 396 v. Chr. Veji erobert und dafür einen Triumph in Rom gefeiert hat. Im Kampf gegen die Gallier ist er nicht besonders hervorgetreten.

2 Der Einfall der Gallier

Keltische Stämme waren im 4. Jh. v. Chr. in Mittelitalien eingefallen. Bei Verhandlungen mit den Galliern benahmen sich römische Gesandte so arrogant, dass die Gallier empört gegen Rom zogen. Sie schlugen 387 v. Chr. ein römisches Heer am Fluss Allia und besetzten das wenige Meilen entfernte Rom. Nur das Kapitol konnte verteidigt werden. Der Gallierführer Brennus versprach, gegen Zahlung von 1.000 Pfund Gold abzuziehen. Als die Römer bemerkten, dass die Gallier beim Wiegen des Goldes falsche Gewichte verwendeten, erhoben sie Einspruch. Brennus aber griff zu seinem Schwert, warf es in die Waagschale und rief: „Wehe den Besiegten!", bis der Sage nach Camillus dazwischenging, die Gallier aus der Stadt vertrieb und sie wenig später vernichtend schlug.

Die frühe römische Republik wurde von den Römern als glorreiche Vergangenheit angesehen, weil in ihr Rom zur Weltmacht aufgestiegen war – v.a. dank herausragender Anführer, deren Taten als vorbildliche Verhaltensmuster (*exempla virtutis*) überliefert wurden.

4 Post viginti deinde annos Veientani rebellaverunt. Dictator contra ipsos missus est Furius Camillus, qui primum eos vicit acie, mox etiam civitatem diu obsidens cepit, antiquissimam Italiaeque ditissimam. Post eam cepit et Faliscos, non minus nobilem civitatem. Sed commota est ei invidia, quasi praedam male divisisset, damnatusque ob eam causam et expulsus civitate. Statim Galli Senones ad urbem venerunt et victos Romanos undecimo miliario a Roma apud flumen Alliam secuti etiam urbem occupaverunt. Neque defendi quicquam nisi Capitolium potuit. Quod cum diu obsedissent et iam Romani fame laborarent, accepto auro, ne Capitolium obsiderent, recesserunt. Sed a Camillo, qui in vicina civitate exulabat, Gallis superventum est gravissimeque victi sunt. Postea tamen eos Camillus ita cecidit, ut et aurum, quod his datum fuerat, et omnia, quae ceperant, militaria signa revocaret. Ita tertio triumphans urbem ingressus est et appellatus secundus Romulus, quasi et ipse patriae conditor.

Vēientānī, ōrum m Pl.: die Einwohner von Veji – **rebellāre:** vgl. FW
K. quī prīmum eōs aciē vīcit, mox (diū obsidēns) cīvitātem antīquissimam et dītissimam Italiae cēpit – **dītissimus** = dīvitissimus – **Faliscī, ōrum** m Pl.: die Stadt Falerii – **invidiam commovēre:** einen Vorwurf machen – *K.* et ob eam causam damnātus et expulsus (ē) cīvitāte est – **Senonēs, um** m Pl.: die Senonen – **ūndecimō:** vgl. S. 42

K. recessērunt acceptō aurō, nē Capitōlium obsīderent
exulāre: sich in Verbannung befinden
ā Camillō Gallīs superventum est: die Gallier wurden von Camillus überrascht
cadere (Perf. **cecidī**) *hier:* besiegen
revocāre *hier:* zurückfordern – **conditor, ōris:** der Gründer – *K.* urbem ingressus est et secundus Rōmulus appellātus est, quasi ipse conditor patriae (esset)

1. Markiere alle Deponentien rot und gewöhnliche Passivformen grün.
2. Unterstreiche die militärischen Leistungen des Camillus im Text.
3. Erläutere anhand des Textes, wodurch Camillus bei den Römern in Ungnade fiel.
4. Erkläre, weshalb die Römer Camillus als *secundus Romulus* (Z. 16) bezeichneten.
5. Arbeite die Unterschiede zwischen gesichertem Wissen und Sage im Vergleich von Text und i 1 heraus.
6. Beschreibe die Details der Bildszene anhand der Informationen aus i 2.

Der römische Konsul Marcus Furius Camillus widersetzt sich dem Vertrag mit den Galliern.

2.2 Die mittlere Republik

2.2.1 Regulus – ein *vir vere Romanus*

W **Wortschatz-Tipp:** ***fieri***

fieri ist die Passivform zum Aktiv *facere* und bedeutet je nach Kontext entweder „gemacht werden" oder „geschehen, werden".
Bsp.: *Quid fit?* Was geschieht? – *Vir monstrum fit / factum est.* Der Mann wird / wurde zum Ungeheuer. – *Fiat lux!* Möge Licht (gemacht) werden!

Pax fit. Camillus cupit, ut pax fiat. Romani orabant, ut pax fieret.

____

G **Wiederholung: Indirekte Rede**

Neben der wörtlichen Rede gibt es die sog. indirekte Rede, in der die Äußerungen eines Sprechers in der dritten Person wiedergegeben werden. Dabei tritt das Subjekt in den Akkusativ, das Prädikat in den Infinitiv.

Bsp.: Wörtliche Rede: *Ego id feci.* Ich habe das getan.
↔ Indirekte Rede: *Eum hoc fecisse.* Er habe das getan.

Camillus Gallos vicit. Camillum Gallos vicisse. Gallos in patriam suam fugisse.

____

____

VOR DEM TEXT

1 Der 1. Punische Krieg (264–241 v. Chr.)

Rom und das nordafrikanische Karthago stritten sich um die Vorherrschaft im Mittelmeerraum. Der 1. Punische Krieg war ein Krieg um Sizilien, das die Römer nach dem Bau einer Kriegsflotte und vielen Seeschlachten zu ihrer Provinz machen konnten. Nachdem die Karthager (Punier) zusätzlich Sardinien und Korsika an die Römer verloren hatten, eroberte Karthago unter der Führung des Feldherrn Hamilcar große Teile Spaniens, dessen reiche Silbervorkommen weitere Kriege gegen die Römer finanzieren sollten. Nach Hamilcars Tod schloss sein Schwiegersohn Hasdrubal mit den Römern den sogenannten Ebro-Vertrag, in dem der spanische Fluss Ebro als Grenze festgelegt wurde.

2 Marcus Atilius Regulus

Regulus war Konsul im Jahre 267 v. Chr. und setzte als Kommandant einer Flotte im 1. Punischen Krieg nach Nordafrika über, um das gegnerische Karthago auf eigenem Boden zu bedrohen. Nach einigen Siegen verlor er jedoch eine Schlacht und wurde von den Karthagern gefangen genommen. Als Unterhändler wurde er nach Rom geschickt, empfahl dem Senat aber – anstelle des ihm von den Karthagern aufgetragenen Friedensangebotes – die Weiterführung des Krieges und kehrte wie verabredet nach Karthago zurück, wo er unter grausamer Folter getötet wurde. Regulus galt den Römern als Musterbild eines Patrioten und vertragstreuen Römers, der das Wohl des Staates über sein persönliches Wohlergehen stellte.

Der römische Feldherr Regulus wurde von den Karthagern nach Rom gesandt, wo er mit den Senatoren über den Austausch von Kriegsgefangenen verhandeln sollte ...

5 Carthaginienses Regulum ducem, quem ceperant, petiverunt, ut Romam proficisceretur et pacem a Romanis obtineret ac permutationem captivorum faceret.
Ille Romam cum venisset, inductus in senatum nihil quasi Romanus egit, dixitque se ex illa die, qua in potestatem Afrorum venisset, Romanum esse desiisse. Itaque et uxorem a complexu removit et senatui suasit, ne pax cum Poenis fieret; illos enim fractos tot casibus spem nullam habere; se tanti non esse, ut tot milia captivorum propter unum se et senem et paucos, qui ex Romanis capti fuerant, redderentur. (...) Ipse Carthaginem rediit, offerentibusque Romanis, ut eum Romae tenerent, negavit se in ea urbe mansurum, in qua, postquam Afris servierat, dignitatem honesti civis habere non posset. Regressus igitur ad Africam omnibus suppliciis exstinctus est.

petere, ut: bitten, dass

permūtātiō, ōnis: der Austausch

nihil quasi Rōmānus: nicht wie ein Römer

ex illā diē: seit jenem Tag – **Āfrī, ōrum** m Pl.: die Karthager (afrikanisches Volk)

ā complexū removēre: an der Umarmung hindern

tantī esse: so viel wert sein – *K.* ut tot mīlia captīvōrum redderentur propter sē ūnum et (noch dazu) senem et paucōs, quī ...

K. negāvit sē mānsūrum (esse) in eā urbe, in quā dīgnitātem cīvis honestī habēre nōn posset, postquam Āfrīs servierat

supplicium *hier:* die Folterstrafe

1. **a)** Markiere alle Deponentien in roter Farbe.
   b) Unterstreiche die Sätze, die in indirekter Rede stehen.
2. Erkläre die Aussage des Regulus, dass er nach der Gefangennahme aufgehört habe, ein Römer zu sein (vgl. Z. 4–6).
3. Erläutere Regulus' Verhalten gegenüber seiner Ehefrau.
4. Arbeite Regulus' Argumentation gegenüber dem Senat heraus.
5. Diskutiert das Verhalten des Regulus.
6. Erkläre aus deiner Kenntnis des Textes und **i 2** das Bild.

Sigismund Nappi:
Atilius Regulus nimmt Abschied von seiner Familie.
1826.

2.2.2 Hannibal – der Angstgegner Roms

VOR DEM TEXT

W Wortschatz-Tipp: *afficere / affici*

afficere m. Abl. heißt „versehen mit etwas". Diese Hilfsübersetzung solltest du je nach Kontext im Deutschen eleganter übersetzen.

Bsp.: *praemio affici* wörtlich: „mit einer Belohnung versehen werden" → besser: „be-/entlohnt werden"

Roma propter Hannibalem magno metu afficiebatur.

____

Regulus supplicio affectus est.

____

Wortschatz-Tipp: Römische Zahlzeichen

Als Zahlzeichen für die Schreibung der natürlichen Zahlen werden verwendet:

I	1
V	5
X	10
L	50
C	100
D	500
M	1000

Bsp.: *XII milia* zwölftausend

XXX iudices ________________

LXXX oppida ________________

XL milia ________________

CCC milites ________________

G Wiederholung: Finales *ut* und Verneinung *ne*

Ein **finales *ut*** wird mit „dass, damit" und die Verneinung ***ne*** mit „damit nicht" übersetzt.

Bsp.: *Carthaginienses Regulo mandaverunt, ut Romam adiret.* Die Karthager beauftragten Regulus (damit), dass er Rom aufsuchte.

Carthaginienses providerunt, ne facile vincerentur. Die Karthager haben vorgesorgt, damit sie nicht leicht besiegt wurden.

Uxor Regulum orabat, ut domi maneret.

____

Etiam mater Regulum orabat, ne Carthaginem rediret.

____

1 Der Auslöser für den 2. Punischen Krieg

Die spanische Stadt Sagunt lag auf dem durch den Ebro-Vertrag festgesetzten Hoheitsgebiet der Karthager. Da die Saguntiner aber, unterstützt durch die Römer, stets Angriffe auf karthagisches Gebiet unternahmen, eroberte der karthagische Feldherr Hannibal die Stadt 219 v. Chr. Weil die karthagischen Ratsherren Hannibal nicht ausliefern wollten, kam es zum Krieg, bei dem sich die Vorzeichen umgekehrt hatten: Rom war nun die beherrschende Seemacht, während Karthago in Spanien zur Landmacht geworden war. Um einem Angriff der Römer zuvorzukommen, entschied sich Hannibal für den Einmarsch in Italien – über die Alpen!

2 Hannibals Alpenüberquerung

Hannibal hatte vorab Verhandlungen mit keltischen Stämmen geführt, deren Gebiet er durchqueren musste, um in Italien einzufallen. Nachdem er die Pyrenäen überwunden hatte, machte er sich mit ca. 50.000 Fußsoldaten, 9.000 Reitern und 37 Kriegselefanten an die Überquerung der Alpen. Durch Kämpfe mit Alpenbewohnern und Unwetter im Gebirge erlitt das punische Heer zwar zahlreiche Verluste, erreichte aber am Ende des Jahres 218 v. Chr. Oberitalien. Dort gelang es Hannibal, zahlreiche gegen Rom aufständische keltische Stämme an sich zu binden.

Der 2. Punische Krieg stand unter dem Zeichen eines der größten Gegner, die Rom je hatte: Hannibal, ein karthagischer Feldherr, der Rom an den Rand der Niederlage bringen sollte ...

6 Eodem anno bellum Punicum secundum Romanis inlatum est per Hannibalem, Carthaginiensium ducem, qui Saguntum, Hispaniae civitatem Romanis amicam, oppugnare aggressus est, annum agens vicesimum aetatis, copiis congregatis CL milium. Huic Romani per legatos denuntiaverunt, ut bello abstineret. Is legatos admittere noluit. Romani etiam Carthaginem miserunt, ut mandaretur Hannibali, ne bellum contra socios populi Romani gereret. Dura responsa a Carthaginiensibus data sunt. Saguntini interea fame victi sunt, captique ab Hannibale ultimis poenis afficiuntur. Tum P. Cornelius Scipio cum exercitu in Hispaniam profectus est, Ti. Sempronius in Siciliam. Bellum Carthaginiensibus indictum est. Hannibal relicto in Hispania fratre Hasdrubale Pyrenaeum transiit. Alpes adhuc ea parte invias sibi patefecit. Traditur ad Italiam LXXX milia peditum, X milia equitum, septem et XXX elephantos adduxisse. Interea multi Ligures et Galli Hannibali se coniunxerunt.

aggredī (Perf. **aggressus sum**) *hier:* etwas unternehmen – **congregāre:** zusammenscharen

dēnūntiāre: die Weisung zukommen lassen

abstinēre m. Abl.: sich fernhalten von

K. Rōmānī etiam (lēgātōs) Carthāginem mīsērunt

Saguntīnī, ōrum m Pl.: die Einwohner von Sagunt

Pȳrēnaeus: das Pyrenäengebirge (Gebirgskette zwischen Gallien und Spanien) – **Alpēs, ium** f Pl.: vgl. FW – **invius, a, um:** unwegsam, unüberquerbar – **patefacere** (Perf. **patefēcī**): erschließen – *K.* (Hannibal) trāditur ... addūxisse – **Ligurēs, um** m Pl.: die Ligurer (Volk im westlichen Alpenraum) – **sē coniungere:** sich anschließen

1. Markiere bei Satzgefügen mit Nebensätzen jeweils den Hauptsatz.

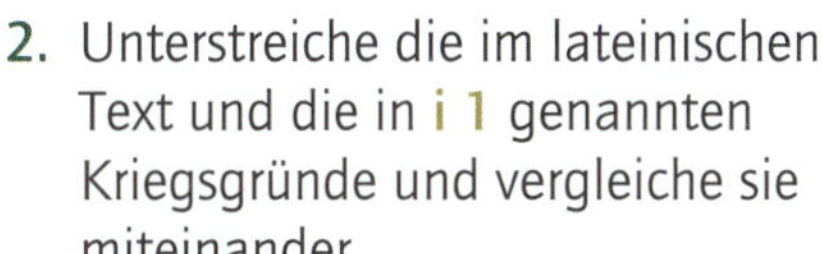

2. Unterstreiche die im lateinischen Text und die in i 1 genannten Kriegsgründe und vergleiche sie miteinander.
3. Vergleiche die in i 2 genannten Heereszahlen mit denen im lateinischen Text und erkläre die Unterschiede.
4. Beschreibe das Bild mit deiner Kenntnis von i 2.

Severino Baraldi: Hannibals Alpenübergang. 20. Jh.

2.2.3 Die Niederlage der Römer bei Cannae

W Wortschatz-Tipp: Vergleichspartikel *quam*

quam wird häufig als Vergleichspartikel in der Bedeutung „wie" gebraucht.
Bsp.: *minus quam* weniger als

Hannibal aliter bellum gessit quam Romani putaverant.

___

Romani Hannibalem magis timebant quam ceteros hostes.

___

G Wiederholung: Gerundium im Ablativ

Das Gerundium ist ein **Verbalsubstantiv**, d.h. es wird von einem Verb gebildet, erfüllt aber die Funktion eines Substantivs, insofern es Kasus bildet, **z.B.** den Ablativ: *Pugnando Romani pugnare discebant.* Durch das Kämpfen lernten die Römer zu kämpfen.

Es kann mit einem Adverb oder Objekt erweitert werden, **z.B.**: *Romani saepe pugnando aliis nationibus praestabant.* Durch häufiges Kämpfen übertrafen die Römer andere Völker.

Hannibal consilia capiendo plerosque hostes vicit.

___

Non proelium differendo, sed celeriter agendo saepe victor erat.

___

VOR DEM TEXT

ⓘ 1 Der 2. Punische Krieg (218–201 v. Chr.)

Hannibal marschierte mit seinem Heer durch Italien und war nicht aufzuhalten. Er gewann eine Schlacht nach der anderen. Der Senat wählte in größter Not einen Diktator namens Fabius Maximus, der Hannibal nicht in offener Feldschlacht besiegen, sondern durch Abwarten zermürben wollte. Als die Römer Fabius als „Zauderer" (*Cunctator*) verspotteten, ernannte die Volksversammlung Marcus Minicius Rufus verfassungswidrig zum zweiten Diktator; der aber versagte bald gegen Hannibal. Nun erhielten die beiden Konsuln Lucius Aemilius Paullus und Gaius Terentius Varro den Auftrag, die Entscheidungsschlacht gegen Hannibal zu suchen. Obwohl ihre Heere in der Überzahl waren, verloren sie in der Schlacht bei Cannae am 2. August 216 v. Chr. gegen die überragende Kriegstaktik Hannibals.

ⓘ 2 Die Niederlage der Römer bei Cannae

Die Schlacht von Cannae ging als Musterbeispiel einer Umfassungsschlacht in die Kriegsgeschichte ein und wird in Militärakademien bis heute gelehrt: Als das zahlenmäßig stark überlegene römische Heer das karthagische Zentrum frontal angriff, ließ Hannibal seine Fußsoldaten langsam zurückweichen, bis die römische Armee halbmondförmig umstellt war. Gleichzeitig vernichtete die karthagische Kavallerie die römische Reiterei und stand nun im Rücken der römischen Fußsoldaten, die plötzlich von allen Seiten eingekesselt waren. Auf engstem Raum zusammengedrängt konnten die Römer ihre Taktik nicht entfalten und wurden vernichtend geschlagen. Rund 50.000 römische Legionäre und der Konsul Aemilius Paullus fielen.

Der römische Feldherr Fabius Maximus, genannt der „Zauderer" (*Cunctator*), hielt es für die beste Taktik, Hannibal die offene Feldschlacht zu verweigern und ihn langsam ausbluten zu lassen. Das aber wollen die neuen Konsuln Aemilius Paullus und Terentius Varro nicht ...

7 Quingentesimo et quadragesimo anno a condita urbe L. Aemilius Paullus C. Terentius Varro contra Hannibalem mittuntur Fabioque succedunt, qui abiens ambo consules monuit, ut Hannibalem, callidum et inpatientem ducem, non aliter vincerent quam proelium differendo. Verum cum inpatientiā Varronis consulis – contradicente altero consule – apud vicum, qui Cannae appellatur in Apulia, pugnatum esset, ambo consules ab Hannibale vincuntur. In ea pugna tria milia Afrorum pereunt; magna pars de exercitu Hannibalis sauciatur. Nullo tamen proelio Punici belli Romani gravius accepti sunt. Periit enim in eo consul Aemilius Paullus, consulares aut praetorii XX, senatores capti aut occisi XXX, nobiles viri CCC, militum XL milia, equitum III milia et quingenti. In quibus malis nemo tamen Romanorum pacis mentionem habere dignatus est. Servi, quod numquam ante, manumissi et milites facti sunt.

zu den Ordnungszahlen vgl. S. 42 – **ā conditā urbe:** seit Gründung der Stadt

Fabius: vgl. EV

proelium differre: eine Schlacht verschieben
vērum cum = cum autem – **contrādīcere:** widersprechen
Cannae, ārum f Pl.: Cannae (ein kleines Dorf in Apulien) – **Āpulia:** Landschaft in Unteritalien – **Āfrī, ōrum** m Pl.: die Karthager

accipere *hier:* in Mitleidenschaft ziehen

praetōriī, ōrum m Pl.: ehemalige Prätoren

mentiōnem pācis habēre: an einen Friedensvertrag denken – **dīgnārī** (Perf. **dīgnātus sum**): für würdig erachten – *K.* servī, quod numquam ante factum erat, ... – **manūmittere:** in Freiheit setzen

1. Unterstreiche bei Satzgefügen mit Nebensätzen jeweils den Hauptsatz.
2. Erschließe aus dem Gründungsjahr Roms die in Z. 1 genannte Jahreszahl.
3. Begründe aus der Charakterisierung des Hannibal im Text den Rat des Fabius Maximus an seine Nachfolger im Konsulnamt.
4. Arbeite die im Text erwähnten Gründe für die römische Niederlage heraus.
5. Beschreibe anhand von i 2 und der Abbildung den Verlauf der Schlacht bei Cannae.

Römische Infanterie
Römische Plänkler
Römische Kavallerie
Karthagische Infanterie
Karthagische Plänkler
Karthagische Kavallerie
leichte Kavallerie

Die Schlacht von Cannae.

2.2.4 Für Hannibal steht der Weg nach Rom offen

W Wortschatz-Tipp: Bedeutungen von Komposita erschließen

Komposita, zusammengesetzte Verben, bestehen aus einem **Präfix** (oft einer Präposition) und einem **Grundverb** (Verbum simplex), z.B. *in-ferre* hineintragen, *re-tinere* zurückhalten.

Erschließe mit diesem Wissen die Bedeutungen der folgenden Komposita:
remanere - transferre - detrahere - accedere - se recipere

G Wiederholung: Genitivus subiectivus und obiectivus

Du musst jeweils aus dem Zusammenhang entscheiden, wie ein Genitiv wiederzugeben ist. So kann z.B. *amor matris* „die Liebe der Mutter" (Gen. subiectivus), aber auch „die Liebe zur Mutter" (Gen. obiectivus) bedeuten.
Fabius Maximus: „Virtus et metus hostium Romanos delectant. Hostium venientium metu non terremur. Semper spes salutis est."

____

____

G Wiederholung: Relativsätze mit Nebensinn

Relativsätze mit Nebensinn stehen im Konjunktiv. Sie zeigen eine bestimmte Sinnrichtung an, die jeweils aus dem Satzkontext erschlossen werden muss.
Bsp.: *Nemo est, qui te non metuat.* Es gibt keinen, der/sodass er dich nicht fürchtete. (konsekutiv)

Do tibi librum, quem legas. Ich gebe dir ein Buch, das du lesen sollst / damit du es liest. (final)
Matrem amo, quae tam bona sit. Ich liebe meine Mutter, die / weil sie so gut ist. (kausal)

Fabius Maximus: „Vos reprehendo, cives, qui hostes timeatis. Amate virtutem, quae potentiam Romanam auxerit!"

____

____

VOR DEM TEXT

ⓘ 1 Die Scipionen

Publius Cornelius Scipio war einer der führenden Feldherren in der Anfangszeit des 2. Punischen Krieges. Als Konsul des Jahres 218 v. Chr. konnte er Hannibals Vormarsch nach Italien zwar nicht stoppen, erzielte aber mit seinem älteren Bruder Gnaeus Cornelius Scipio in Spanien militärische Erfolge gegen die Karthager und konnte 211 v. Chr. den römischen Einfluss von Nord- bis Südspanien ausdehnen. Im selben Jahr allerdings gelang es dem punischen Feldherrn Hasdrubal, die Heere beider Scipionen voneinander zu trennen und in zwei aufeinander folgenden Schlachten zu schlagen, wobei Publius und Gnaeus den Tod fanden.

ⓘ 2 *Hannibal ad portas!*

Dass Hannibal nach seinem überraschenden Einfall über die Alpen nach Oberitalien auf die Hauptstadt Rom marschieren und sie erobern würde, war die Hauptangst der Römer im 2. Punischen Krieg, auf die der Schreckensruf *„Hannibal ad portas!"* zurückgeht. Tatsächlich stand Hannibal nie mit seinem Heer vor den Toren Roms, sondern zog an Rom vorbei nach Kampanien, wo er sein Heer in Capua Winterlager beziehen ließ. Das war sein Fehler: Hätte er Rom sofort angegriffen, wäre die Widerstandskraft der Römer wohl gebrochen gewesen und er hätte den Krieg für sein Land entschieden.

Nach der vernichtenden Niederlage der Römer bei Cannae stand für Hannibal der Weg nach Rom offen ...

8 Post eam pugnam multae Italiae civitates, quae Romanis paruerant, se ad Hannibalem transtulerunt. Hannibal Romanis obtulit, ut captivos redimerent. Responsumque est a senatu eos cives non esse necessarios, qui, cum armati essent, capi potuissent. Ille omnes postea variis suppliciis interfecit et tres modios anulorum aureorum Carthaginem misit, quos ex manibus equitum Romanorum, senatorum et militum detraxerat. Interea in Hispania, ubi frater Hannibalis Hasdrubal remanserat cum magno exercitu, ut eam totam Afris subigeret, a duobus Scipionibus, Romanis ducibus, vincitur.

Decimo anno postquam Hannibal in Italiam venerat, P. Sulpicio Cn. Fulvio consulibus Hannibal usque ad quartum miliarium urbis accessit, equites eius usque ad portam. Mox consulum cum exercitu venientium metu Hannibal ad Campaniam se recepit. In Hispania a fratre eius Hasdrubale ambo Scipiones, qui per multos annos victores fuerant, interficiuntur, exercitus tamen integer mansit; casu enim magis erant quam virtute decepti.

post eam pūgnam: gemeint ist die Schlacht bei Cannae – **sē trānsferre** *hier:* überlaufen

cum *hier:* obwohl ...

supplicium *hier:* die Folterstrafe – **modius:** der Scheffel (Maßeinheit) – **ānulus:** der Ring

dē-trahere: abziehen, wegnehmen

Scīpiōnēs, um m Pl.: vgl. i 1

P. Sulpiciō Cn. Fulviō cōnsulibus: im Konsulatsjahr des Sulpicius und des Fulvius

K. Mox Hannibal metū cōnsulum ... venientium ad Campāniam sē recēpit. – **integer, gra, grum:** unversehrt, ohne Verluste – **cāsū** *hier:* durch äußere Umstände (Hannibal hatte die gallischen Hilfstruppen im röm. Heer bestochen, sodass sie nicht mitkämpften)

1. Unterstreiche alle Relativsätze. Markiere den Relativsatz mit Nebensinn in Rot und begründe deine Wahl der Sinnrichtung.
2. Erläutere die Antwort des Senats auf Hannibals Vorschlag des Gefangenenfreikaufs.
3. Beschreibe die Reaktion Hannibals auf die Antwort des Senats.
4. Vergleiche die Informationen zu Hannibal vor Rom aus dem lateinischen Text mit den Informationen aus i 2.

5. Markiere die im Text genannten Kriegsschauplätze.
6. Erkläre anhand deines Wissens die einzelnen Stationen der Route Hannibals durch Italien.

2.2.5 Scipio Africanus und der Sieg über Karthago

VOR DEM TEXT

W Wortschatz-Tipp: Der Kontext entscheidet

Als ursprüngliches Bauernvolk waren die Römer sehr sparsam – auch mit Worten. Das aber heißt, dass viele Wörter mehrere Bedeutungen besitzen und du unter diesen je nach Kontext auswählen musst.
Bsp.: *Rex leges constituit.* Der König hat Gesetze festgesetzt.
Rex templum constituit. Der König hat einen Tempel erbaut.

Hannibal oppida cepit. Idem multos cives Romanos cepit.

___

G Wiederholung: Relativer Satzanschluss

Ein Relativsatz kann auch selbstständig stehen; er wird dann zu einem Hauptsatz. In diesem Fall wird das Relativpronomen, das sich auf ein Wort im vorangehenden Satz oder auf den ganzen Satz bezieht, im Deutschen mit einem Demonstrativpronomen wiedergegeben.

Bsp.: *Hannibal imperator clarus erat. Cuius virtutes saepe laudabantur.* Hannibal war ein berühmter Feldherr. Dessen / Seine guten Eigenschaften wurden oft gelobt.

Quo tempore Hannibal Romanos superabat. Cui enim magna virtus erat.

___

___

ⓘ 1 Scipio Africanus maior und der endgültige Sieg über Karthago

Nach dem Tod des Publius Cornelius Scipio hatte sein gleichnamiger 25-jähriger Sohn das Kommando über die verbliebenen Truppen übernommen. Es gelang ihm, die spanische Stadt Carthago Nova zu erobern und die Karthager aus Spanien zu vertreiben. Daraufhin entschied sich Scipio für eine Invasion in Nordafrika – ein cleverer Schachzug: Prompt wurde Hannibal zur Landesverteidigung aus Italien zurückgerufen. 202 v. Chr. kam es zur entscheidenden Schlacht im afrikanischen Zama: Scipio besiegte Hannibal und erhielt den Ehrentitel Africanus – der „Afrikasieger".

ⓘ 2 Die Eroberung von Syrakus und der Tod des Archimedes

Die Karthager hatten die Insel Sizilien zum größten Teil unter ihre Vorherrschaft gebracht, bis die Römer ihnen die Insel im 1. Punischen Krieg entrissen. Siziliens Hauptstadt Syrakus war lange Zeit mit den Römern verbündet, lief aber im 2. Punischen Krieg zu Karthago über. Der römische General Marcellus belagerte Syrakus vom Meer her, aber mit den Verteidigungsmaschinen des in Syrakus lebenden griechischen Mathematikers und Erfinders Archimedes konnte die Stadt zwei Jahre lang Widerstand leisten, bis die Römer 212 v. Chr. während des jährlichen Festes für Artemis heimlich in die Stadt eindrangen und sie eroberten. Obwohl Marcellus befohlen hatte, Archimedes nicht zu töten, wurde dieser von einem römischen Soldaten, der ihn nicht erkannte, erschlagen.

Die Römer führten in verschiedenen Ländern Krieg gegen die Karthager: in Spanien, auf Sizilien und auf eigenem Boden. Da kam ihnen die entscheidende Idee: Man verlagerte den Krieg nach Afrika und Karthago – so, wie Hannibal es einst mit Italien gemacht hatte ...

9 Quo tempore etiam a consule Marcello Siciliae magna pars capta est, quam tenere Afri coeperant, et nobilissima urbs Syracusana; praeda ingens Romam perlata est.
Anno quarto decimo postquam in Italiam Hannibal venerat, Scipio, qui multa bene in Hispania egerat, consul est factus et in Africam missus. Cui viro divinum quiddam inesse existimabatur, adeo, ut putaretur etiam cum numinibus habere sermonem. Is in Africa contra Hannonem, ducem Afrorum, pugnat; exercitum eius interficit. Secundo proelio castra capit cum quattuor milibus et quingentis militibus, XI milibus occisis. Syphacem, Numidiae regem, qui se Afris coniunxerat, capit et castra eius invadit. Syphax cum nobilissimis Numidis et infinitis spoliis Romam a Scipione mittitur. Quā re auditā omnis fere Italia Hannibalem deserit. Ipse a Carthaginiensibus redire in Africam iubetur, quam Scipio vastabat.
Ita anno septimo decimo ab Hannibale Italia liberata est. Legati Carthaginiensium pacem a Scipione petiverunt; ab eo ad senatum Romam missi sunt. (...) Senatus ex arbitrio Scipionis pacem iussit cum Carthaginiensibus fieri. Scipio his condicionibus dedit, ne amplius quam triginta naves haberent, ut quingenta milia pondo argenti darent, captivos et perfugas redderent.

Mārcellus: röm. General und Eroberer von Syrakus – **Āfrī, ōrum** m Pl.: die Karthager
urbs Syrācūsāna: Syrakus (die Hauptstadt Siziliens)

Scīpiō: vgl. i 1

dīvīnum quiddam: etwas Gottgleiches

Hannō, ōnis: karthagischer Feldherr

Syphāx, ācis: König von Numidien – **Numidia:** Numidien, Land in Afrika – **sē coniungere:** sich anschließen – **Numidae, ārum** m Pl.: die Numidier – **spolia, ōrum** n Pl.: die Beutegegenstände

K. ... Italia ab Hannibale līberāta est

ex arbitriō: nach Ermessen

K. Scīpiō (pācem) hīs condiciōnibus dedit, nē ...

pondō (indekl.): ein Pfund (326 g)
perfuga, ae m: der Überläufer, der Deserteur

1. **a)** Unterstreiche alle Relativsätze.
   b) Markiere alle relativen Satzanschlüsse.
2. Belege am Text die Darstellung der Außergewöhnlichkeit des Scipio.
3. Markiere im Text alle militärischen Erfolge des Scipio.
4. Lies i 1 und weise nach, wo und wie im Text die Schlacht von Zama thematisiert wird.
5. Nenne die Friedensbedingungen, die Scipio den Karthagern auferlegt.
6. Erläutere die Illustration mithilfe von i 2.

Archimedes setzt römische Schiffe mithilfe von Parabolspiegeln in Brand.

2.3 Die späte Republik

2.3.1 Der Bundesgenossenkrieg in Italien

VOR DEM TEXT

G Wiederholung: *cum*

Als **Subjunktion** leitet ***cum*** mit Indikativ meist iterative („immer wenn") oder temporale („als (plötzlich)"), mit Konjunktiv je nach Zusammenhang temporale („als, nachdem"), kausale („weil") oder konzessive („obwohl") Adverbialsätze ein. **Bsp.:** *Gaudeo, cum liber es.* Ich freue mich, wenn du frei bist. *Quod cum ita sit, gaudeo.* Weil dies so ist, freue ich mich.

Daneben dient ***cum*** aber auch als **Präposition mit Ablativ** („(zusammen) mit").
Bsp.: *Magna cum voluptate te video.* Ich sehe dich mit großem Vergnügen.

Romani gaudebant, cum Carthaginienses superati essent.

____

Hannibal summa cum virtute bellum gessit.

____

G Wiederholung: Substantivierung von Adjektiven

Wie im Deutschen ist auch im Lateinischen eine **Substantivierung von Adjektiven** möglich. Sie tritt häufig im Neutrum Plural auf und kann im Deutschen mit Singular oder mit Plural (dann mit der Ergänzung „Dinge") übersetzt werden.
Bsp.: *multa* viel / viele Dinge - *omnia* alles / alle Dinge

Hannibal multa egregia fecit.

____

Alia crudelia nunc taceo.

____

ⓘ 1 Der Bundesgenossenkrieg (*bellum sociale*)

Der sog. Bundesgenossenkrieg (91–88 v. Chr.) war ein Aufstand italischer Stämme gegen den römischen Staat, weil dieser sich weigerte, anderen Völkern das vollständige römische Bürgerrecht zuzuerkennen. Besonders die Volksgruppe der Marser beteiligte sich maßgeblich am Aufstand, zu dem sich die Teilnehmer zu einer Art Bundesstaat zusammenschlossen. Da diese Völker in der römischen Kampfesweise ausgebildet waren, konnten die römischen Legionen sie trotz großer Truppenstärke nicht besiegen. Erst als Rom den Italikern das römische Bürgerrecht zusprach, flauten die Kämpfe langsam ab.

2 Das römische Bürgerrecht (*civitas*)

Wer das römische Bürgerrecht besaß, konnte in der Volksversammlung wählen und selbst in ein politisches Amt gewählt werden, konnte sein Vermögen vererben und selbst erben und römische Bürger heiraten - die aus einer solchen Ehe hervorgegangenen Kinder hatten automatisch das römische Bürgerrecht. Das römische Bürgerrecht erlaubte außerdem, sich überall im römischen Reich niederzulassen, und die Befreiung von lokal erhobenen Steuern. Römische Bürger durften sich vor Gericht selbst verteidigen und waren vor Folter und Todesstrafe geschützt.

Nach dem Sieg über Karthago, den großen Widersacher im Mittelmeerraum, herrschte Rom unangefochten. Da erhoben sich in Italien viele Völkerschaften, die den Römern lange Zeit als treue Bundesgenossen gedient hatten.

10 Cum prope alia omnia bella cessarent, in Italia gravissimum bellum Picentes, Marsi Paelignique moverunt, qui, cum annis numerosis iam populo Romano oboedirent, tum libertatem sibi aequam adserere coeperunt. Perniciosum admodum hoc bellum fuit. P. Rutilius consul in eo occisus est, Caepio, nobilis iuvenis, Porcius Cato, alius consul. Duces autem adversus Romanos Picentibus et Marsis fuerunt T. Vettius, Hierius Asinius, T. Herennius, A. Cluentius. A Romanis bene contra eos pugnatum est a C. Mario, qui sexies consul fuerat, et a Cn. Pompeio, maxime tamen a L. Cornelio Sulla, qui inter alia egregia ita Cluentium, hostium ducem, cum magnis copiis fudit, ut ex suis unum amitteret. Quadriennio cum gravi tamen calamitate hoc bellum tractum est.

Pīcentēs, ium m Pl.: die Bewohner der ital. Landschaft Picenum – **Mārsī, ōrum** m Pl.: ital. Völkerschaft – **Paelīgnī, ōrum** m Pl.: mittelital. Volk – **annīs numerōsīs:** zahlreiche Jahre lang – **lībertātem adserere:** Freiheit fordern
admodum Adv.: sehr

sexiēs: sechsmal
K. quī inter alia ēgregia (facta) ita Cluentium … fūdit, ut ex suīs (mīlitibus) ūnum (sōlum) āmitteret
fundere (Perf. **fūdī**) *hier:* vernichtend schlagen – **quadriennium:** ein Zeitraum von 4 Jahren

1. **a)** Unterstreiche die Relativsätze.
   b) Markiere *cum* als Subjunktion rot, *cum* als Präposition gelb.
2. Markiere den im lateinischen Text angegebenen Grund für den Ausbruch des Krieges und vergleiche ihn mit den Informationen aus i 1.
3. Erschließe aus i 2, weshalb die Italiker das römische Bürgerrecht anstrebten.
4. Stelle aus dem Text die Gegner Roms und ihre römischen Widersacher zusammen.
5. Erschließe aus dem Text und aus i 1, warum der Bundesgenossenkrieg auch *bellum Marsicum* genannt wurde.
6. Erkläre die Symbolik des auf der Münze abgebildeten Tierkampfes.

Ein Stier besiegt einen Wolf. Denar aus der Zeit des Bundesgenossenkrieges.

2.3.2 Der Bürgerkrieg I: Marius gegen Sulla

VOR DEM TEXT

W Wortschatz-Tipp: Fremdwörter nutzen

Das Lateinische hat viele Fremdwörter hervorgebracht. Deshalb kannst du lateinische Wörter auch aus der Kenntnis solcher Fremdwörter ableiten - und natürlich umgekehrt. Erkläre folgende Wörter aus dem Text:

occupare (→ okkupieren) ______________ *socialis* (→ sozial) ______________

reparare (→ reparieren) ______________ *nobilissimus* (→ nobel) ______________

G Wiederholung: Partizip Futur Aktiv

Neben dem PPP und dem PPA gibt es das Partizip Futur Aktiv (PFA):

PPP *lauda-tus, a, um*	PPA *lauda-ns, ntis*	PFA *lauda-turus, a, um*
einer, der gelobt worden ist	einer, der lobt	einer, der loben wird / will
vorzeitig	gleichzeitig	nachzeitig

Das PFA gibt als Participium coniunctum eine Absicht oder einen Grund an.
Bsp.: *Mors venit me vocatura.* Der Tod kommt, um mich zu rufen.

Marius a senatu mittebatur bellum gesturus.

____

Sulla quoque missus est pacem facturus.

____

ⓘ 1 Marius und Sulla

Ausgerechnet während der außenpolitischen Krise mit König Mithridates (vgl. i 2) kam es in Rom zum Bürgerkrieg zwischen Sulla, dem Anhänger der Optimaten, und Marius, dem Anführer der Popularen. Die Optimaten traten für die uneingeschränkte Herrschaft des Adels über das Volk ein, die Popularen gestanden dem Volk immerhin gewisse Mitbestimmungsrechte zu. Als der Konsul Sulla den Oberbefehl für den Krieg gegen Mithridates erhielt, setzten ihn seine Gegner ab und übertrugen das Kommando auf Marius und Sulpicius. Sulla eroberte Rom mit seinem Heer und zog dann in den Krieg gegen Mithridates. Sofort nach Sullas Abreise übernahm Marius mit seinem Freund L. Cornelius Cinna wieder die Macht in Rom, der Senat floh zu Sulla nach Griechenland. Nach dem Sieg über Mithridates eilte Sulla nach Rom und beendete die Herrschaft der Popularen. Mithilfe von Proskriptionslisten (Ächtungslisten) ließ er zahlreiche seiner politischen Gegner ermorden.

ⓘ 2 Der Krieg gegen Mithridates

Mithridates VI. war der Herrscher des hellenischen Königreichs Pontos. Er stachelte die Bewohner der römischen Provinz Asia auf, sich gegen die römischen Verwaltungsbeamten und Steuerpächter zu erheben. In der sog. „Vesper von Ephesus" sollen 80.000 Römer ermordet worden sein, was zum Krieg der Römer gegen Mithridates führte. Der Feldherr Sulla schlug Mithridates in mehreren Schlachten und zwang ihn zu einem Friedensvertrag, der ihn zwar König von Pontos bleiben ließ, ihn aber erhebliche Schadensersatzzahlungen an Rom kostete.

Rom kommt nicht zur Ruhe. Nach den Kriegen gegen Karthago und dem Bundesgenossenkrieg drohen neue außen- und innenpolitische Auseinandersetzungen.

11 Anno urbis conditae sexcentesimo sexagesimo secundo primum Romae bellum civile commotum est, eodem anno etiam Mithridaticum. Causam bello civili C. Marius sexiens consul dedit. Nam cum Sulla consul contra Mithridatem gesturus bellum, qui Asiam et Achaiam occupaverat, mitteretur, isque exercitum in Campania paulisper teneret, ut belli socialis, de quo diximus, quod intra Italiam gestum fuerat, reliquiae tollerentur, Marius adfectavit, ut ipse ad bellum Mithridaticum mitteretur. Quare Sulla commotus cum exercitu ad urbem venit. Illic contra Marium et Sulpicium dimicavit. Primus urbem Romam armatus ingressus est, Sulpicium interfecit, Marium fugavit, atque ita ordinatis consulibus in futurum annum Cn. Octavio et L. Cornelio Cinna ad Asiam profectus est.

Dum Sulla in Achaia atque Asia Mithridatem vincit, Marius, qui fugatus erat, et Cornelius Cinna, unus ex consulibus, bellum in Italia reparaverunt et ingressi urbem Romam nobilissimos e senatu et consulares viros interfecerunt, multos proscripserunt, ipsius Sullae domō eversā filios et uxorem ad fugam compulerunt. Universus reliquus senatus ex urbe fugiens ad Sullam in Graeciam venit, orans, ut patriae subveniret. Ille in Italiam traiecit bellum civile gesturus (...).

zu den Ordnungszahlen vgl. S. 42

bellum Mithridāticum: vgl. i 2
sexiēns cōnsul: sechsmaliger Konsul
K. cum Sulla cōnsul bellum gestūrus contrā Mithridātem, quī ... occupāverat, mitterētur, isque (Sulla) ... exercitum tenēret, ut tollerentur reliquiae bellī sociālis, dē quō dīximus, quod ..., Marius adfectāvit, ut ... - **paulisper** Adv.: für kurze Zeit

adfectāre: danach streben

ōrdināre in futūrum annum *hier:* für das folgende Jahr bestimmen

reparāre: wiederherstellen

vir cōnsulāris: ehemaliger Konsul

ēvertere (PPP **ēversum**): zerstören
compellere (Perf. **compulī**): zwingen, treiben
subvenīre: zu Hilfe kommen
trāicere (Perf. **trāiēcī**): (mit Schiffen) hinübersetzen

1. a) Unterstreiche im Text alle Participia coniuncta.
   b) Markiere den Abl. abs. mit grüner Farbe.
2. Erschließe aus der Zeitangabe der ersten Zeile das Jahr des Geschehens.
3. Beschreibe anhand des Textes und i 1 die Phasen des Zweierkonflikts: Markiere dafür zunächst Marius' Handlungen rot und Sullas Handlungen blau.
4. Erkläre anhand der Selbstdarstellung der Porträtbüste, dass Mithridates sich als hellenistischer, d.h. dem griechischen Kulturkreis zugewandter König verstand.

Mithridates VI. von Pontos. Römische Marmorbüste aus dem 1. Jh. n. Chr.

2.3.3 Der Bürgerkrieg II: Cäsar gegen Pompeius

VOR DEM TEXT

G Wiederholung: Attributives Gerundiv

Das Gerundiv ist ein passivisches Verbaladjektiv, das die Notwendigkeit (manchmal auch Möglichkeit) einer Handlung bezeichnet. Es wird als in KNG übereinstimmendes Attribut zu einem Substantiv hinzugefügt.

Bsp.: *ars laudanda* eine zu lobende Kunst, eine lobenswerte Kunst

periculum vitandum __________

hostes metuendi __________

virgines amandae __________

G Wiederholung: Ablativus absolutus mit Substantiv

Beim Ablativus absolutus kann an die Stelle eines Partizips ein Substantiv treten.

Bsp.: *Sulla duce* unter der Führung Sullas

Mario auctore __________

Romulo rege __________

Bruto consule __________

i 1 Das erste Triumvirat 60 v. Chr.

Im 1. Jh. v. Chr. war die Republik in eine Krise geraten, die ihr Ende bedeuten sollte: Große Einzelne versuchten, sich an die Spitze des Staates zu setzen. Aus taktischen Gründen verbündeten sich Pompeius und Cäsar 60 v. Chr. mit dem reichen Geschäftsmann Crassus zum ersten Triumvirat. Als Crassus 53 v. Chr. auf seinem Feldzug gegen die Parther gefallen war, stritten die beiden verbliebenen mächtigen Männer um die Vorherrschaft. Pompeius machte gemeinsame Sache mit den Optimaten in Rom. Als Cäsar seine Vollmacht über die Provinz Gallien ablegen und seine Truppen entlassen sollte, überquerte er im Januar 49 v. Chr. mit seinen Truppen den Fluss Rubikon, der als Grenze zwischen Italien und der gallischen Provinz galt, und marschierte auf Rom – ein Staatsstreich.

i 2 Die Schlacht von Pharsalos 48 v. Chr.

Unmittelbar vor Cäsars Einmarsch in Rom flohen die Senatoren mit Pompeius voller Panik nach Griechenland. Cäsar ließ sich in Rom zum Diktator ausrufen, dann besiegte er in Spanien Teile von Pompeius' Heer, bevor er mit seinen Truppen nach Griechenland aufbrach. Die Senatoren setzten Pompeius unter Druck, schnell die Entscheidungsschlacht gegen Cäsar zu suchen. Der erfahrene Feldherr Pompeius hatte den günstigsten Zeitpunkt abwarten wollen, ließ sich aber drängen, und so kam es am 9. August 48 v. Chr. bei der nordgriechischen Stadt Pharsalos zur entscheidenden Schlacht des Bürgerkrieges, bei der Cäsar trotz Unterzahl seiner Truppen gewann. Pompeius floh nach Ägypten, wo er von cäsartreuen Offizieren ermordet wurde.

Giovanni Antonio Pellegrini: Das Haupt des Pompeius. 18. Jh.

12 Hinc iam bellum civile successit exsecrandum et lacrimabile, quo praeter calamitates, quae in proeliis acciderunt, etiam populi Romani fortuna mutata est. Caesar enim rediens ex Gallia victor coepit poscere alterum consulatum atque ita, ut sine dubietate aliquā ei deferretur. Contradictum est a Marcello consule, a Bibulo, a Pompeio, a Catone, iussusque dimissis exercitibus ad urbem redire. Propter quam iniuriam ab Arimino, ubi milites congregatos habebat, adversus patriam cum exercitu venit. Consules cum Pompeio senatusque omnis atque universa nobilitas ex urbe fugit et in Graeciam transiit. Apud Epirum, Macedoniam, Achaiam Pompeio duce senatus contra Caesarem bellum paravit. Caesar vacuam urbem ingressus dictatorem se fecit. Inde Hispanias petivit. Ibi Pompeii exercitus validissimos et fortissimos cum tribus ducibus, L. Afranio, M. Petreio, M. Varrone, superavit. Inde regressus in Graeciam transiit, adversus Pompeium dimicavit. Primo proelio victus est et fugatus, evasit tamen, quia nocte interveniente Pompeius sequi noluit, dixitque Caesar nec Pompeium scire vincere et illo tantum die se potuisse superari. Deinde in Thessalia apud Palaeopharsalum productis utrimque ingentibus copiis dimicaverunt. Numquam adhuc Romanae copiae in unum neque maiores neque melioribus ducibus convenerant. Pugnatum tamen est ingenti contentione victusque ad postremum Pompeius et castra eius direpta sunt. Ipse fugatus Alexandriam petivit, ut a rege Aegypti, cui tutor a senatu datus fuerat propter iuvenilem eius aetatem, acciperet auxilia. Qui fortunam magis quam amicitiam secutus occidit Pompeium, caput eius et anulum Caesari misit. Quo conspecto Caesar etiam lacrimas fudisse dicitur, tanti viri intuens caput et generi quondam sui.

exsecrārī: verfluchen – **lacrimābilis, e:** beweinenswert

dubietās, ātis f: das Zögern – **cōnsulātum alicui dēferre:** jdm. das Konsulnamt übertragen – **contrādīcere:** widersprechen

Arīminum: ital. Stadt

congregātus, a, um: versammelt

vacuus, a, um: (menschen)leer, schutzlos

validus, a, um: stark

intervenīre: mittlerweile eintreten

Thessalia, Palaeopharsālus: vgl. EV

utrimque: auf beiden Seiten

in ūnum convenīre: an einem Ort aufeinandertreffen

contentiō, ōnis f: die Anstrengung

ipse: gemeint ist Pompeius

tūtor, ōris: der Beschützer (prädikativ)

ānulus: der Siegelring

gener, generī: der Schwiegersohn

1. Markiere die Abl. abs. mit Partizip rot, den Abl. abs. mit Substantiv blau.
2. Unterstreiche den Satz, der die geschichtliche Bedeutung der Rubikonüberquerung zeigt.
3. Erschließe aus dem Text und i 1 den Grund für den Beginn des Bürgerkrieges durch Cäsar.
4. Beschreibe die Reaktion des Pompeius und des Senats, als Cäsar auf Rom marschiert.
5. Erläutere, wie Eutrop die Entscheidungsschlacht von Pharsalos (vgl. i 2) beschreibt.
6. Erkläre aus dem Text, weshalb Pompeius gerade nach Ägypten flieht.
7. Diskutiert, ob es sich bei Cäsars Tränen um echte Tränen oder um „Krokodilstränen" handelt.

2.3.4 Die Ermordung Cäsars

VOR DEM TEXT

G Wiederholung: Steigerung von Adverbien

Der Komparativ des Adverbs wird aus dem Nom. Sg. n des Komparativs des Adjektivs gebildet, also auf *-ius*. Ohne Vergleichsobjekt übersetzt man mit „ziemlich".
Bsp.: *Copiae Caesaris vehementius pugnabant.*
Die Truppen Cäsars kämpften ziemlich heftig.

Mit Vergleichsobjekt muss der vergleichende Charakter ausgedrückt werden.
Bsp.: *Copiae Caesaris vehementius pugnabant quam hostes.*
Die Truppen Cäsars kämpften heftiger als die Feinde.

Caesar frequentius leges neglexit.

____

Caesar frequentius leges neglexit quam Pompeius.

____

1 Die Arroganz des Alleinherrschers Cäsar

Als Cäsar siegreich nach Rom zurückgekehrt war, ließ er einen viertägigen Triumph feiern, veranstaltete mit seiner unermesslichen Kriegsbeute Tierhetzen und Gladiatorenspiele, streute Geld unter das Volk, tilgte die Zinsen verschuldeter Bürger, bezahlte ihre Mieten und richtete Gastmähler für das einfache Volk aus, um dessen Zuneigung zu gewinnen. Den Senat stockte er von 600 auf 900 Personen auf – mit ihm genehmen Personen. Die Senatoren verliehen ihm die Diktatur auf Lebenszeit. Aber es kam zu einem folgenschweren Eklat: Cäsar saß vor dem Tempel der Venus Genetrix und erwartete die Delegation des Senats. Als diese eintraf, tat er so, als bemerke er sie nicht, und erhob sich nicht von seinem Platz. Als ihm Marcus Antonius anlässlich eines Festes vor aller Öffentlichkeit ein goldenes Königsdiadem anbot, war das Maß überschritten: Diese offene Demonstration der Machtlosigkeit der alten Eliten führte zur Verschwörung gegen den Alleinherrscher Cäsar.

2 Brutus und die Iden des März 44 v. Chr.

Lucius Iunius Brutus galt den Römern durch die Vertreibung des Königs Tarquinius Superbus als sagenhafter Begründer der Republik. Der ungefähr ein halbes Jahrtausend später lebende Marcus Iunius Brutus (85–42 v. Chr.) hatte nichts mit der Sagengestalt der römischen Frühzeit zu tun. Aber die Namensgleichheit führte dazu, dass Adelige und Senatoren, die mit Cäsars Herrschaft unzufrieden waren, Brutus dazu aufforderten, wie sein Namensvetter eine Verschwörung gegen den neuen Tyrannen anzuzetteln, um die Republik zu retten. Am 15.03.44 v. Chr., den berühmten Iden des März, stürzten sich die Verschwörer unter Führung von Brutus und Cassius auf Cäsar und erdolchten ihn.

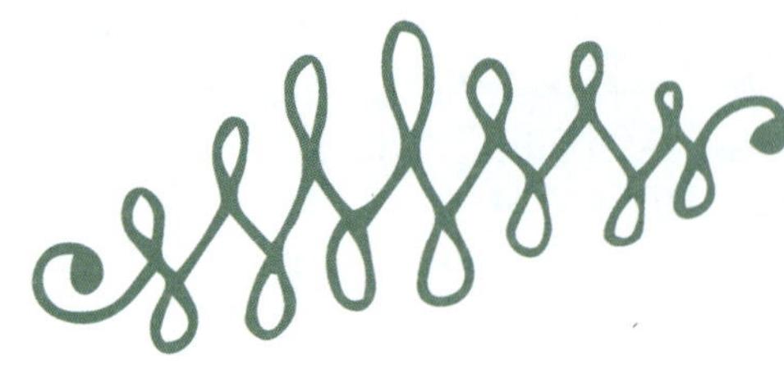

Vincenzo Camuccini (1771-1844): Der Tod des Cäsar.

■ Cäsar ist nach dem Sieg über Pompeius Alleinherrscher in Rom ...

13 Inde Caesar bellis civilibus toto orbe compositis Romam rediit. Agere insolentius coepit et contra consuetudinem Romanae libertatis. Cum ergo et honores ex sua voluntate praestaret, qui a populo antea deferebantur, nec senatui ad se venienti adsurgeret aliaque regia et paene tyrannica faceret, coniuratum est in eum a sexaginta vel amplius senatoribus equitibusque Romanis. Praecipui fuerunt inter coniuratos duo Bruti ex eo genere Bruti, qui primus Romae consul fuerat et reges expulerat, et C. Cassius et Servilius Casca. Ergo Caesar, cum senatus die inter ceteros venisset ad curiam, tribus et viginti vulneribus confossus est.

īnsolēns, ntis: unverschämt – **ex suā voluntāte** *hier:* ganz nach eigener Lust und Laune

adsurgere: sich von seinem Sitz erheben
rēgia et tyrannica facere: königs- und tyrannenhaftes Verhalten an den Tag legen
praecipuus, a, um *hier:* vorn dabei

cōnfodere (PPP **cōnfossum**): erstechen

1. **a)** Markiere die beiden Komparative im Text grün.
   b) Unterstreiche bei Satzgefügen den Hauptsatz.
2. Markiere im lateinischen Text und in i 1 die Gründe, die zum Attentat auf Cäsar führten.
3. Erkläre die Vielzahl der Messerstiche auf Cäsar.
4. Erläutere anhand von i 2 die Parallelen zwischen den beiden *Bruti*.
5. Recherchiert, in welcher Kurie die Ermordung Cäsars stattgefunden hat. Erklärt mit diesem Wissen das Gemälde, v.a. wen die Statue darstellt.

2.3.5 Die Schlacht von Philippi – Tod der Cäsarmörder

W Wortschatz-Tipp: Adverbien

Adverbien sind scheinbar nebensächliche, kleine Wörter. Tatsächlich aber sind sie wichtige Signale für die logische und zeitliche Abfolge eines Textes. Wiederhole die folgenden Adverbien aus dem Text:

interea ______________________

tamen ______________________

enim ______________________

igitur ______________________

G Wiederholung: Attributives Gerundiv mit finalem Sinn

Wird ein attributives Gerundiv mit der Präposition *ad* konstruiert, muss mit finalem Sinn übersetzt werden.

Bsp.: *Coniurati ad Caesarem interficiendum convenerunt.*
Die Verschwörer kamen zusammen, um Cäsar umzubringen.

Caesar omnia fecit ad potestatem suam augendam.

____

Senatores coniuraverant ad finem vitae Caesaris faciendum.

____

VOR DEM TEXT

1 Die Ereignisse nach Cäsars Tod im Jahre 43 v. Chr.

Nach dem Attentat vereinbarten Cäsaranhänger und Cäsarmörder eine Art Stillhalteabkommen. Cäsars ehemaliger General Marcus Antonius versuchte seine Machtposition zu stärken, indem er zwischen beiden Parteien unentschieden blieb, bis Cäsars Großneffe Octavian (der spätere Kaiser Augustus) vom Senat unter Mithilfe des großen Redners und Politikers Cicero als Gegner gegen Marcus Antonius aufgebaut wurde. Senat und Cicero hofften, die alte Republik wiederherstellen zu können, doch 43 v. Chr. schlossen Octavian und Marcus Antonius zusammen mit Lepidus ein Bündnis, das zweite Triumvirat. Sofort kam es zum legalisierten Massenmord an Roms republikanischer Elite, dem auch Cicero zum Opfer fiel. Danach wandten sich Octavian und Marcus Antonius gemeinsam gegen die Cäsarmörder Brutus und Cassius, die mit ihren Truppen nach Griechenland geflohen waren.

2 Die Doppelschlacht von Philippi 42 v. Chr.

Diese Schlacht wurde an zwei Tagen im Abstand von drei Wochen geschlagen. Am ersten Tag gelang es Marcus Antonius, das Lager des Cäsarmörders Cassius zu erobern. Im Irrglauben an eine vollständige Niederlage der Truppen der Cäsarmörder beging Cassius Selbstmord. Am zweiten Tag unterlagen die Legionen des Brutus der Armee von Marcus Antonius und Octavian. Brutus brachte sich daraufhin selbst um. Damit hatte die Partei der Cäsaranhänger gesiegt und die Idee der *res publica libera* hatte ihre letzten Verteidiger verloren.

Bei der makedonischen Stadt Philippi treffen die Legionen der Cäsarmörder Cassius und Brutus und der Cäsargetreuen Marcus Antonius und Octavian aufeinander ...

14 Interea Brutus et Cassius, interfectores Caesaris, ingens bellum moverunt. Erant enim per Macedoniam et Orientem multi exercitus, quos occupaverant. Profecti sunt igitur contra eos Caesar Octavianus Augustus et M. Antonius; remanserat enim ad defendendam Italiam Lepidus. Apud Philippos, Macedoniae urbem, contra eos pugnaverunt. Primo proelio victi sunt Antonius et Caesar, periit tamen dux nobilitatis Cassius, secundo Brutum et infinitam nobilitatem, quae cum illis bellum gesserat, victam interfecerunt. Ac sic inter eos divisa est res publica, ut Augustus Hispanias, Gallias et Italiam teneret, Antonius Asiam, Pontum, Orientem.

interfector, ōris: der Mörder

K. ... quōs (Brūtus et Cassius) occupāverant

Philippī, ōrum m Pl.: griechische Stadt in Makedonien – **Caesar:** Caesar Octavianus

K. secundō (proeliō) (Antōnius et Caesar) Brūtum et īnfīnītam nōbilitātem interfēcērunt

Asia: Kleinasien (Gebiet der heutigen Türkei)
Pontus: die Region um das Schwarze Meer

1. **a)** Markiere das attributive Gerundiv in Rot.
   b) Unterstreiche die Hauptsätze und markiere jeweils das Subjekt.
2. Weise am Text nach, dass Lepidus die schwächste Position im sog. zweiten Triumvirat (→ i 1) innehatte.
3. Erkläre den Dreifachnamen *Caesar Octavianus Augustus* und zeige auf, dass Eutrop mit dieser Namensgebung einen chronologischen Fehler beging.
4. Markiere in Gelb (Augustus) und in Blau (Antonius) die unterschiedlichen Machtbereiche beider Sieger nach Philippi.

Der Selbstmord des Brutus nach der Schlacht von Philippi.

2.3.6 Der Bürgerkrieg III: Octavian gegen Marcus Antonius

VOR DEM TEXT

W Wortschatz-Tipp: Wörterbuchbenutzung I

Bei der Lektüre von Originaltexten triffst du häufig auf unbekannte Vokabeln. Übe anhand folgender im Text vorkommender unbekannter Wörter das Ermitteln der richtigen deutschen Bedeutung mithilfe eines Wörterbuches. Dabei ist der Satzzusammenhang von entscheidender Bedeutung, um die passende deutsche Entsprechung aus dem Angebot des reichhaltigen Lexikoneintrags herauszufiltern:

pestilentia (Z. 4) ____________________

muliebris (Z. 7) ____________________

navalis pugna (Z. 8) ____________________

illustris (Z. 8) ____________________

G Wiederholung: Einrückmethode

Die sog. Einrückmethode hilft dir, den Aufbau längerer Sätze zu überblicken. Dazu identifizierst du zunächst den Hauptsatz (HS), dann die Nebensätze, die je nach Abhängigkeitsgrad als Nebensätze erster Ordnung (NS 1) oder Nebensätze zweiter Ordnung (NS 2) jeweils weiter nach rechts eingerückt werden.

Bsp.: *Cum ergo et honores ex sua voluntate praestaret, qui a populo antea deferebantur, nec senatui ad se venienti adsurgeret aliaque regia et paene tyrannica faceret, coniuratum est in eum.*

NS 1 *Cum ergo et honores ex sua voluntate praestaret,*
NS 2 *qui a populo antea deferebantur,*
NS 1 *nec senatui ... adsurgeret aliaque ... faceret,*
HS *coniuratum est in eum.*

ⓘ 1 Marcus Antonius und Kleopatra

Die ägyptische Königin Kleopatra war schon mit Cäsar liiert gewesen. In Herrscherkreisen war es damals üblich, aus politischen Gründen zu heiraten. Octavian hatte seine Schwester Octavia mit Marcus Antonius verheiratet, um das Bündnis mit ihm auch familiär abzusichern. Als Marcus Antonius sich zugunsten Kleopatras von Octavia lossagte, nutzte Octavian dies in Rom, um Stimmung gegen Antonius und Kleopatra zu machen – es sei ein Skandal, dass eine fremde Königin nach der Macht Roms greife. So gelang es Octavian, im römischen Volk Kriegsbereitschaft zu entfachen und ein Heer gegen den eigenen Landsmann Marcus Antonius zu mobilisieren. Es begann der letzte Akt des römischen Bürgerkrieges.

2 Die Schlacht von Actium 31 v. Chr.

In Actium an der Westküste Griechenlands standen sich die Flotten Octavians und des Marcus Antonius gegenüber. Durch den Einsatz kleiner und wendiger Schiffe entschied Octavians genialer Flottenadmiral Agrippa die Seeschlacht rasch zugunsten Octavians. Als Kleopatra dies erkannte, floh sie mit ihrem Schiff nach Alexandria, und Antonius ihr hinterher, weil sie hofften, in Ägypten eine zweite Front gegen Octavian aufbauen zu können – vergebens: Als Octavian rund ein Jahr später mit seinem Heer vor den Mauern Alexandrias stand, begingen Kleopatra und Antonius wegen der aussichtslosen Lage Selbstmord. Octavian machte Ägypten zur römischen Provinz und wurde 27 v. Chr. unter dem Ehrentitel Augustus zum ersten Kaiser Roms.

Aus dem Dreimännerbund war ein Machtkampf zwischen Marcus Antonius und Octavian um die Alleinherrschaft im Staat geworden – 31 v. Chr. kam es zur entscheidenden Schlacht zwischen beiden.

15 Antonius, qui Asiam et Orientem tenebat, repudiata sorore Caesaris Augusti Octaviani Cleopatram, reginam Aegypti, duxit uxorem. Contra Persas etiam ipse pugnavit. Primis eos proeliis vicit, regrediens tamen fame et pestilentia laboravit et, cum instarent Parthi fugienti, ipse pro victo recessit. Hic quoque ingens bellum civile commovit cogente uxore Cleopatra, regina Aegypti, dum cupiditate muliebri optat etiam in urbe regnare. Victus est ab Augusto navali pugna clara et illustri apud Actium, qui locus in Epiro est, ex qua fugit in Aegyptum et desperatis rebus, cum omnes ad Augustum transirent, ipse se interemit. Cleopatra sibi aspidem admisit et veneno eius exstincta est. Aegyptus per Octavianum Augustum imperio Romano adiecta est.

repudiāre *hier:* verstoßen

Aegyptus, ī f: Ägypten
Persae, ārum m Pl.: die Parther (ein persisches Reitervolk)

K. cum instārent Parthī (Antōniō) fugientī, ipse prō victō (wie ein Besiegter) recessit
Hic = Antōnius

rēgnāre: herrschen

Actium: Halbinsel an der Westküste Griechenlands – **Ēpīrus:** Landschaft an der Westküste Griechenlands
interimere (Perf. **-ēmī**): töten, umbringen
aspis, idis f: die Viper, die Natter

1. Markiere die Ablativi absoluti in roter Farbe.
2. Gestalte den Satz von Z. 8 – 11 (*Victus … interemit.*) nach der Einrückmethode.
3. Unterstreiche im Text, wo Eutrop Kleopatra charakterisiert und bewertet.
4. Überprüfe nun, wie Marcus Antonius in diesem Text von Eutrop gezeichnet wird.
5. Erläutere anhand von i 2, inwiefern Eutrop mit der zweimaligen Bezeichnung *Octavianus Augustus* einen chronologischen Fehler begeht.
6. Vergleiche Text und Bild und erläutere die besondere Darstellung von Kleopatras Tod durch den Künstler.

Jean-André Rixens (1846-1925): Der Tod der Kleopatra.

3 Die Kaiserzeit

Die römische Kaiserzeit umfasst eine Zeitspanne von rund 300 Jahren: von der Gründung durch Augustus 27 v. Chr. bis 284 n. Chr.

Der Name „Kaiser" leitet sich von Julius Cäsar her, der nach dem Sieg über Pompeius nach der Alleinherrschaft strebte. Sein Neffe Octavian, der spätere erste Kaiser Augustus, hatte aus dem Fall seines Onkels gelernt: Zwar war auch er ein Alleinherrscher, aber er verdeckte diese Tatsache clever durch die Formel vom *primus inter pares*, dem „Ersten unter Gleichen". Seine neue Staatsform des Prinzipats ließ den Senat und die Institutionen der alten Republik wie Konsulat, Beamte und Volksversammlung fortbestehen, aber die Ämter waren v.a. mit ergebenen Anhängern bekleidet. Seine Regierungszeit, berühmt geworden unter dem Schlagwort *Pax Augusta*, war für Rom höchst erfolgreich – Augustus brachte innenpolitischen Frieden, Ordnung, Rechtssicherheit und allgemeinen Wohlstand in ein Land, das nach einem chaotischen Jahrhundert voller Bürgerkriege zerrissen und ausgeblutet war.

Lange herrschte die **julisch-claudische** (Tiberius, Caligula, Claudius, Nero), dann die **flavische Dynastie** (Vespasian, Titus, Domitian). Die sog. **Adoptivkaiser** (Nerva, Trajan, Hadrian, Antoninus Pius, Marc Aurel) verdankten sich der Idee einer Auswahl der Fähigsten; zerstört wurde dieses Konzept durch Marc Aurels unfähigen Sohn Commodus. Auf ihn folgte die **Dynastie der Severer**, dann die sog. **Soldatenkaiser**. Während die Auswahl der früheren Kaiser auf der Zustimmung von Heer, Senat und Bevölkerung beruhte, wurden jetzt wegen der außerordentlichen Grenzbedrohung des römischen Reiches durch andere Völker nur mehr fähige Feldherren zu Kaisern bestimmt.

27 v. Chr.

SENATVS
POPVLVSQVE ROMANVS
IMP CAESARI DIVI F AVGVSTO
COS VIII · DEDIT · CLVPEVM
VIRTVTIS CLEMENTIAE
IVSTITIAE · PIETATIS · ERGA
DEOS · PATRIAMQVE
284 n. Chr.

3.1 Kaiser Augustus

W Wortschatz-Tipp: Wörterbuchbenutzung II

Wenn du die deutsche Bedeutung lateinischer Verben ermitteln willst, musst du die Grundform, also den Infinitiv Präsens, bilden können, da die Verben im Lexikon in der 1. Pers. Sg. aufgeführt sind. Suchst du z.B. die Bedeutung des im Text aufgefundenen Verbs *mansit*, musst du es auf *manere* zurückführen können, da du es unter *maneo* findest. Deswegen ist die Kenntnis der Stammformen unverzichtbar. Ermittle die Bedeutung folgender Verben aus dem Text:

excoluit (Z. 5) ______________________

gloriatus sit (Z. 6) ______________________

percontatus est (Z. 10) ______________________

obiit (Z. 12) ______________________

G Wiederholung: Genitivus qualitatis

Der Genitiv der Beschaffenheit (Gen. qualitatis) kennzeichnet eine Eigenschaft.

Bsp.: *vir magnae virtutis*
ein Mann von großer Tapferkeit /
ein sehr tapferer Mann

Cleopatra mulier pulchrae formae erat.

____

Marcus Antonius dux magnae audaciae erat.

____

G Wiederholung: Ablativus temporis

Der Ablativ der Zeit (Abl. temporis) steht zur Bezeichnung eines bestimmten Zeitpunktes auf die Frage „Wann?".

Bsp.: *primo vere*
zu Beginn des Frühlings

brevi tempore ______________________

prima hora ______________________

VOR DEM TEXT

ⓘ 1 Augustus – Friedensfürst, Sittenhüter und Erbauer des goldenen Rom

Nach einem Jahrhundert ständiger Bürgerkriege waren die Römer froh über die sog. *Pax Augusta*, den augusteischen Frieden, weil wieder Rechtssicherheit hergestellt war. Der wirtschaftliche Aufschwung führte zum Wohlstand für viele. Zugleich versuchte Augustus, an die gute alte Zeit der frühen Republik anzuknüpfen, an die Bescheidenheit (*modestia*) und Frömmigkeit (*pietas*) der Vorfahren. Er erließ Gesetze zur Förderung der Ehe und versuchte die Religion wiederzubeleben, indem er verfallene Tempel wiederaufbauen ließ und alte Priesterschaften zum Leben erweckte. In der eigenen Lebensführung äußerst bescheiden, ließ er Rom als Hauptstadt des Reiches mit monumentalen Bauten verschönern. Seine Herrschaft wurde als die Rückkehr des Goldenen Zeitalters aufgefasst.

ⓘ 2 Die neue Staatsform des Prinzipats

Da Octavian Cäsars Ende kannte und wusste, dass der Name des Alleinherrschers (*rex*) bei den Römern seit der Königszeit verhasst war, ließ er nach außen hin Institutionen und Ämter der Republik fortbestehen – der Senat tagte weiter, auch Konsuln wurden gewählt. Tatsächlich aber bestimmte Octavian als Princeps, als Erster unter Gleichen, die Richtlinien der Politik. So ermöglichte ihm diese neue Staatsform des Prinzipats eine verdeckte Alleinherrschaft, in der die Senatoren und Beamten das Gefühl vermittelt bekamen, wie zur Zeit der Republik mitentscheiden zu können. Manche Gelehrte sprechen von einer „augusteischen Fassadenrepublik".

Der französische Priester und Erzieher Charles-François Lhomond (1727-1794) hat eine Personengeschichte Roms mit dem Titel *De viris illustribus urbis Romae* geschrieben, die bis ins 20. Jh. von französischen Schülern gelesen wurde - hier ein Auszug über Kaiser Augustus ...

16 Habitavit Augustus in aedibus modicis neque laxitate neque cultu conspicuis, ac per annos amplius quadraginta in eodem cubiculo hieme et aestate mansit. Supellex quoque eius vix privatae elegantiae erat. Idem tamen Romam, quam pro maiestate imperii non satis ornatam invenerat, adeo excoluit, ut iure sit gloriatus marmoream se relinquere, quam latericiam accepisset. Raro veste alia usus est quam confecta ab uxore, sorore, filia, neptibusque. (...)

Supremo vitae die, petito speculo, capillum sibi comi iussit; et amicos circumstantes percontatus est, num vitae mimum satis commode egisset; adiecit et solitam clausulam: „Edite strepitum, vosque omnes cum gaudio applaudite!“ Obiit Nolae sextum et septuagesimum annum agens.

modicus: bescheiden - **laxitās, ātis:** die Weite, die Größe - **cōnspicuus:** hervorstechend
supellex: der Hausrat, das Geschirr
ēlegantia: vgl. FW - **prō** *hier:* im Verhältnis zu ... - **māiestās imperiī:** die Größe des Reiches
K. ut iūre glōriātus sit (sē) marmoream (aus Marmor) (urbem) relinquere, quam laterīciam (aus Ziegelstein) accēpisset.
neptis, is: die Enkelin
capillus: das Haar - **cōmere:** kämmen
circumstāre: umringen - **mīmus:** das Schauspiel
solita clausula: die übliche Schlussformel
strepitum ēdere: Lärm machen
Nōlae (Lok.): in Nola (Stadt in Kampanien)
applaudere: vgl. FW

1. **a)** Markiere die Ablative der Zeit mit grüner Farbe.
   b) Unterstreiche den Genitiv der Beschaffenheit.
2. Arbeite den Gegensatz zwischen der privaten Lebensführung des Augustus und seinem Bauprogramm für Rom heraus.
3. Erläutere, womit Augustus an seinem Todestag sein Leben und damit auch sich selbst vergleicht.
4. Diskutiert auf der Grundlage von i 1, ob Augustus' Beifallsaufforderung an seine Freunde gerechtfertigt ist.
5. Erläutere den Begriff der „Fassadenrepublik" in i 2 vor dem Hintergrund der letzten Worte des sterbenden Kaisers.
6. Vergleiche anhand von i 1 die Parallelen zwischen Numa Pompilius und Augustus.

Kaiser Augustus als Pontifex Maximus.

Ordnungszahlen (bis 1.000)

1.	prīmus, a, um	der (die, das) erste	13.	tertius decimus, a, um	100.	centēsimus, a, um
2.	secundus, a, um	usw.	14.	quārtus decimus, a, um	200.	ducentēsimus, a, um
3.	tertius, a, um		15.	quīntus decimus, a, um	300.	trecentēsimus, a, um
4.	quārtus, a, um		16.	sextus decimus, a, um	400.	quadringentēsimus, a, um
5.	quīntus, a, um		17.	septimus decimus, a, um	500.	quīngentēsimus, a, um
6.	sextus, a, um		18.	duodēvīcēsimus, a, um	600.	sescentēsimus, a, um
7.	septimus, a, um		19.	ūndēvīcēsimus, a, um	700.	septingentēsimus, a, um
8.	octāvus, a, um		20.	vīcēsimus, a, um	800.	octingentēsimus, a, um
9.	nōnus, a, um		30.	trīcēsimus, a, um	900.	nōngentēsimus, a, um
10.	decimus, a, um		40.	quadrāgēsimus, a, um	1000.	mīllēsimus, a, um
11.	ūndecimus, a, um		50.	quīnquāgēsimus, a, um		
12.	duodecimus, a, um		60.	sexāgēsimus, a, um		
			70.	septuāgēsimus, a, um		
			80.	octōgēsimus, a, um		
			90.	nōnāgēsimus, a, um		

Lernwortschatz

LW 1	
exōrdium	der Anfang
pāstor, ōris m	der Hirte
condere, condō, condidī, conditum	gründen, erbauen, verbergen, verwahren
ferē Adv.	fast, beinahe, ungefähr
nōmināre	nennen
invītāre	einladen
vīcīnus, a, um	benachbart
nātiō, ōnis f	das Volk, der Volksstamm
rapere, rapiō, rapuī, raptum	rauben, wegreißen, wegführen
tempestās, ātis f	der Sturm, das (schlechte) Wetter, die Zeit

LW 2	
creāre	wählen, erschaffen
prōdesse, prōsum, prōfuī	nützen
latrō, ōnis m	der Räuber
mēnsis, is m	der Monat
īnfīnītus, a, um	unzählig, zahllos
sacrum	das Heiligtum, das Opfer
morbus	die Krankheit

LW 3	
oppūgnāre	angreifen
pudīcus, a, um	sittsam, keusch
iniūria	das Unrecht, die Gewalttat
marītus	der Ehemann
cōnspectus, ūs m	der Anblick; oft: die Augen
occīdere, occīdō, occīdī, occīsum	töten
adimere, adimō, adēmī, ademptum	wegnehmen
exclūdere, exclūdō, exclūsī, exclūsum	ausschließen
coercēre	zügeln, maßregeln
īnsolēns, entis	unverschämt
pellere, pellō, pepulī, pulsum	stoßen, schlagen

LW 4	
dictātor, ōris m	der Diktator, der Alleinherrscher
obsidēre, obsideō, obsēdī, obsessum	belagern
antīquus, a, um	alt

LW 4 - Fortsetzung	
praeda	die Beute
damnāre	verurteilen
mīliārium	der Meilenstein
famēs, is f	der Hunger
labōrāre m. Abl.	leiden an
recēdere, recēdō, recessī, recessum	zurückweichen, sich zurückziehen
mīlitāria sīgna n Pl.	die Feldzeichen
ingredī, ingredior, ingressus sum	betreten, hineingehen

LW 5	
obtinēre	erreichen, erlangen
captīvus	der Kriegsgefangene
indūcere, indūcō, indūxī, inductum	hineinführen
dēsinere, dēsinō, dēsiī, dēsitum	aufhören
suādēre, suādeō, suāsī, suāsum	(jdm.) raten, zureden
frangere, frangō, frēgī, frāctum	(zer)brechen
offerre, offerō, obtulī, oblātum	anbieten, ein Angebot machen
dīgnitās, ātis f	die Würde, das Ansehen
honestus, a, um	ehrwürdig
regredī, regredior, regressus sum	zurückkehren, sich zurückziehen
exstinguere, exstinguō, exstīnxī, exstīnctum	töten, auslöschen

LW 6	
amīcus, a, um	befreundet
lēgātus	der Gesandte
admittere, admittō, admīsī, admissum	zulassen, an sich heranlassen
mandāre	beauftragen, einen Auftrag erteilen
respōnsum	die Antwort
intereā Adv.	inzwischen, in der Zwischenzeit
bellum indīcere	den Krieg erklären
pedes, itis m	der Fußsoldat
eques, itis m	der Ritter

LW 7	
succēdere, succēdō, successī, successum	nachfolgen, nachrücken
ambō, ae, ō	beide
callidus, a, um	schlau, verschlagen
impatiēns, entis (inpatiēns)	ungeduldig
aliter Adv.	anders, auf andere Weise
impatientia (inpatientia)	die Ungeduld
vīcus	das Dorf
sauciāre	verwunden, verletzen
cōnsulārēs, um m Pl.	ehemalige Konsuln

LW 8	
redimere, redimō, redēmī, redēmptum	freikaufen, loskaufen
necessārius, a, um	notwendig
armātus, a, um	bewaffnet
aureus, a, um	golden, aus Gold
subigere, subigō, subēgī, subāctum	unterwerfen
ūsque ad	bis zu
metus, ūs m	die Angst, die Furcht
dēcipere, dēcipiō, dēcēpī, dēceptum	täuschen, betrügen

LW 9	
perferre, perferō, pertulī, perlātum	bringen, transportieren
inesse, īnsum, īnfuī	darin sein
sermō, ōnis m	das Gespräch
invādere, invādō, invāsī, invāsum	eindringen, angreifen
dēserere, dēserō, dēseruī, dēsertum	verlassen, im Stich lassen
vāstāre	verwüsten, zerstören
condiciō, ōnis f	die Bedingung

LW 10	
cessāre	ruhen, eine Pause machen
oboedīre, oboediō	Gehorsam leisten, gehorchen
perniciōsus, a, um	Verderben bringend, verlustreich
adversus Präp. m. Akk.	gegen
maximē Adv.	hauptsächlich, vor allem
ēgregius, a, um	herausragend

LW 10 – Fortsetzung	
calamitās, ātis f	das Unglück
bellum trahere	einen Krieg in die Länge ziehen

LW 11	
bellum cīvīle	der Bürgerkrieg
bellum sociāle	der Bundesgenossenkrieg
reliquiae, ārum f Pl.	die Überreste
quārē Adv.	deshalb
dīmicāre	kämpfen
fugāre	in die Flucht schlagen
prōscrībere, prōscrībō, prōscrīpsī, prōscrīptum	auf die Ächtungsliste setzen, ächten
ūniversus, a, um	gesamt, ganz

LW 12	
mūtāre	verändern, wechseln
poscere, poscō, poposcī	fordern
dīmittere, dīmittō, dīmīsī, dīmissum	entlassen
nōbilitās, ātis f	der Adel
ēvādere, ēvādō, ēvāsī, ēvāsum	entkommen
prōdūcere, prōdūcō, prōdūxī, prōductum	vorführen, aufstellen
dīripere, dīripiō, dīripuī, dīreptum	plündern
iuvenīlis, e	jugendlich
intuērī, intueor	betrachten, ansehen
quondam Adv.	einst

LW 13	
compōnere, compōnō, composuī, compositum	beilegen, schlichten
cōnsuētūdō, dinis f	die Gewohnheit
praestāre, praestō, praestitī	vergeben, verleihen
dēferre, dēferō, dētulī, dēlātum	übertragen
paene Adv.	beinahe, fast
coniūrāre	sich verschwören
coniūrātus	der Verschwörer
cūria	die Kurie, das Versammlungsgebäude des Senats

LW 14	
Oriens, entis m	der Osten, der Orient
remanēre, remaneō, remānsī	zurückbleiben
dīvidere, dīvidō, dīvīsī, dīvīsum	aufteilen

LW 15	
rēgīna	die Königin
uxōrem dūcere	(eine Frau) heiraten
īnstāre, īnstō, īnstitī	verfolgen, nachsetzen
cupiditās, ātis f	die Begierde
rēgnāre	herrschen
dēspērāre	die Hoffnung aufgeben, verzweifeln
venēnum	das Gift
adicere, adiciō, adiēcī, adiectum	hinzufügen

LW 16	
cultus, ūs m	die Ausstattung
cubiculum	das Schlafzimmer
hiems, is f	der Winter
aestās, ātis f	der Sommer
prīvātus, a, um	persönlich, privat
rārō Adv.	selten
cōnficere, cōnficiō, cōnfēcī, cōnfectum	fertigen, vollenden
suprēmus, a, um	der letzte
speculum	der Spiegel
commodus, a, um	angemessen

Eigennamenverzeichnis

Abkürzungen römischer Vornamen

A. – Aulus	**L.** – Lucius	**Ser.** – Servius
Ap. – Appius	**M.** – Marcus	**Sex.** – Sextus
C. – Gaius	**M'.** – Manius	**Sp.** – Spurius
Cn. – Gnaeus	**P.** – Publius	**T.** – Titus
D. – Decimus	**Q.** – Quintus	**Ti(b).** – Tiberius

Achāia, ae f	Achaia (röm. Provinz seit 146 v. Chr., umfasste das gesamte griechische Kernland mit den Inseln)
Actium, ī n	Actium (griechische Halbinsel an der Einfahrt zum Ambrakischen Golf; berühmt geworden durch die Seeschlacht von Actium 31 v. Chr. zwischen Octavian und Marcus Antonius)
Aegyptus, ī f	Ägypten (röm. Provinz seit 30 v. Chr.)
(L.) **Aemilius Paullus,** ī m	Lucius Aemilius Paullus (röm. Politiker aus der Familie der patrizischen Aemilier; im 2. Punischen Krieg wurden er und Terentius Varro 216 v. Chr. zu Konsuln gewählt; zusammen kommandierten sie die röm. Truppen in der Schlacht bei Cannae. Varro, der an diesem Tag den Oberbefehl hatte, führte die Soldaten - angeblich gegen den Wunsch des Paullus - in die Schlacht. Über 50.000 Römer fielen in dieser Schlacht, darunter auch Aemilius Paullus, während sein Amtskollege Varro mit rund 4.500 Mann entkommen konnte.)
(L.) **Afrānius,** ī m	Lucius Afranius (röm. Politiker und Heerführer (112-46 v. Chr.); 60 v. Chr. Konsul, Anhänger des Pompeius)
Āfrī, ōrum m Pl.	die Karthager (nordafrikanisches Volk)
Alexandrīa, ae f	Alexandria (bedeutendste ägyptische Hafenstadt mit der vorgelagerten Insel Pharos, auf der einer der berühmtesten Leuchttürme der Antike stand; dieser wurde im 3. Jh. v. Chr. erbaut und galt als eines der sieben Weltwunder.)
Allia, ae f	Allia (Fluss in der Nähe von Rom. In der Schlacht an der Allia wurden die Römer 387 v. Chr. von einfallenden Galliern besiegt. Die Römer bezeichneten die Schlacht an der Allia fortan als „Dies ater".)
Alpēs, ium f Pl.	die Alpen
(M.) **Antōnius,** ī m	Marcus Antonius (83-30 v. Chr.; einflussreicher röm. Politiker und Feldherr, Anhänger Cäsars und Widersacher Ciceros, den er 43 v. Chr. ermorden ließ. Im Kampf um die Vorherrschaft unterlag er Octavian 31 v. Chr. in der Schlacht bei Actium und beging daraufhin Selbstmord.)
Āpulia, ae f	Apulien (Landschaft am Stiefelabsatz Italiens; Schauplatz der röm. Niederlage gegen Hannibal bei Cannae)
Ardea, ae f	Ardea (Stadt ca. 36 km von Rom entfernt; 390 v. Chr. von den Galliern erobert, seit 340 v. Chr. röm. Kolonie)
Arīminum, ī n	Ariminum (Stadt an der italienischen Adriaküste; seit 268 v. Chr. Kolonie röm. Rechts, Bollwerk gegen die Galliereinfälle)
Asia, ae f	Kleinasien (seit 133 v. Chr. röm. Provinz)
Asinius, ī m	Hierius Asinius (Feldherr der Marruciner im Bundesgenossenkrieg gegen die Römer)
Augustus, ī m	Augustus (63 v. Chr.-14 n. Chr., erster röm. Kaiser, ursprüngl. Name Gaius Octavius, Großneffe und Adoptivsohn Julius Cäsars; nach Cäsars Tod kämpfte er mit Marcus Antonius um die Alleinherrschaft; 31 v. Chr. Sieg in der Schlacht bei Actium. 27 v. Chr. verlieh ihm der Senat den Ehrentitel Augustus („der Erhabene"); dieses Datum gilt als Beginn des röm. Kaisertums bzw. als Ende der röm. Republik. Augustus ordnete und befriedete das Reich innen- und außenpolitisch, förderte Kunst und Wissenschaften. Die Gesamtheit seiner Leistungen legte er selbst in einem Rechenschaftsbericht nieder. Dieses Werk, die „Res gestae", wurde in Form einer großen Inschrift auf Bronzetafeln vor seinem Mausoleum aufgestellt; Kopien der Inschrift wurden in den Provinzen aufgestellt. Erhalten ist die Fassung aus der kleinasiatischen Stadt Ancyra (heute Ankara), weshalb das Werk auch als Monumentum Ancyranum bezeichnet wird.)
Bibulus, ī m	Calpurnius Bibulus (103-48 v. Chr.; röm. Politiker, Optimat, erbitterter Gegner Cäsars, im Bürgerkrieg Anhänger des Pompeius)
Brennus, ī m	Brennus (gallischer Heerführer im 4. Jh. v. Chr. Die Schlacht an der Allia (387 v. Chr.), in der Brennus' Heer die Römer besiegte, ging als „Dies ater", als schwarzer Tag, in die röm. Geschichte ein. Die Gallier plünderten in der Folge die Stadt Rom.)
(L. Iūnius) **Brūtus,** ī m	Lucius Iunius Brutus (Freund des Collatinus und seiner Frau Lucretia; um 500 v. Chr. Anführer der Verschwörer gegen den letzten röm. König Tarquinius Superbus. Später soll er - zusammen mit Collatinus - erster röm. Konsul geworden sein.)
(M. Iūnius) **Brūtus,** ī m	Marcus Iunius Brutus (röm. Senator, einer der Mörder Cäsars am 15. März 44 v. Chr.; beging nach der Schlacht bei Philippi 42 v. Chr. Selbstmord)
Caepiō, ōnis m	Caepio (Legat im Bundesgenossenkrieg unter dem Konsul Rupilius)
(C. Iūlius) **Caesar,** aris m	Gaius Julius Cäsar (100-44 v. Chr., röm. Politiker, Feldherr und Schriftsteller; Eroberer Galliens von 58-51 v. Chr. Als Politiker strebte er die Alleinherrschaft in Rom an; er kämpfte in dem von ihm ausgelösten Bürgerkrieg gegen Pompeius und die Senatspartei; Sieg in der Schlacht bei Thapsus 46 v. Chr. Am 15. März 44 v. Chr. wurde er von einer Gruppe Senatoren ermordet, die in ihm einen Tyrannen sahen. Als Schriftsteller verfasste er unter anderem „De bello Gallico" und „De bello civili".)
(M. Fūrius) **Camillus,** ī m	Camillus (röm. Feldherr und Staatsmann im 4. Jh. v. Chr.; nach dem gallischen Sieg über die Römer an der Allia 387 v. Chr. und der Plünderung Roms durch die Gallier soll Camillus zum Diktator ernannt worden sein. Der Sage nach versammelte er ein Heer und vertrieb die Gallier aus Rom. Tatsächlich aber zogen sich die Gallier wohl unversehrt zurück, nachdem die Römer ein hohes Lösegeld entrichtet hatten.)

Campānia, ae f	Kampanien (mittelitalische Landschaft, 100 km südlich von Rom. Kampanien war berühmt für seinen Reichtum an Getreide, Gemüse, Obst, Oliven und Wein, denn der vulkanische Boden brachte eine besondere Fruchtbarkeit des Landes mit sich. Bedeutende Städte Kampaniens waren Capua, Neapel, Pompeji und Herkulaneum. Seit dem 1. Jh. n. Chr. war Kampanien ein beliebter Sommersitz reicher Römer.)
Cannae, ārum f Pl.	Cannae (Stadt in Italien; Schauplatz der Schlacht 216 v. Chr., bei der die Römer dem karthagischen Feldherrn Hannibal unterlagen.)
Capitōlium, ī n	das Kapitol (einer der sieben Hügel Roms; heiligster Ort Roms, denn hier stand der Tempel des Iuppiter Optimus Maximus)
Carthāginiēnsis, e	karthagisch; *Subst.* der Karthager, Einwohner von Karthago
Carthāgō, ginis f	Karthago (Stadt in Nordafrika, in der Nähe des heutigen Tunis. Karthago war erbitterte Konkurrentin Roms im Kampf um die Beherrschung des Mittelmeerraumes; nach dem Ende des 3. Punischen Krieges 146 v. Chr. von den Römern zerstört.)
Casca, ae m	P. Servilius Casca Longus (röm. Politiker und Gegner Cäsars; soll an den Iden des März den ersten Dolchstich geführt haben; beging nach der Schlacht bei Philippi 42 v. Chr. Selbstmord)
(C.) **Cassius** (Longīnus)	Cassius (röm. Prätor, einer der Mörder Cäsars am 15. März 44 v. Chr.; beging nach der Schlacht bei Philippi 42 v. Chr. Selbstmord)
(M. Porcius) **Catō, ōnis** (Cēnsōrius) m	Marcus Porcius Cato (röm. Politiker und Schriftsteller 234–149 v. Chr.; 184 v. Chr. hatte er die Zensur inne und erfüllte diese mit besonderer Sittenstrenge, sodass er den Beinamen „Censorius" erhielt; Verfasser eines Buchs über die Landwirtschaft „De agricultura"; war griechischen (insbesondere den philosophischen) Einflüssen gegenüber feindselig eingestellt, u.a. sprach er sich 155 v. Chr. für eine Ausweisung der griech. Philosophen aus, die im Rahmen einer diplomatischen Mission der Stadt Athen nach Rom gekommen waren. Cato warnte die Römer nach dem 2. Punischen Krieg vor einem Wiedererstarken Karthagos und forderte wiederholt die endgültige Zerstörung der Stadt.)
(M. Porcius) **Catō, ōnis** (Uticēnsis) m	Marcus Porcius Cato (röm. Politiker und Schriftsteller 95–46 v. Chr., Urenkel des Cato Censorius. Überzeugter Stoiker und Vertreter der Senatsaristokratie, der für die *libera res publica* eintrat. Im Bürgerkrieg stand er auf der Seite des Pompeius und war entschiedener Gegner Cäsars. Die Begnadigung Cäsars verschmähte Cato und beging im Jahre 46 v. Chr. in der afrikanischen Stadt Utica Selbstmord.)
Cinna, ae m	Lucius Cornelius Cinna (130–84 v. Chr.; Anhänger des Marius, Gegner Sullas, Konsul der Jahre 87–84 v. Chr. Diese Iteration der Konsulate, de facto eine Alleinherrschaft, zeigt den Beginn der Auflösung der röm. Republik. Seine Tochter Cornelia war seit 85/84 v. Chr. die Frau Cäsars.)

Cleopatra, ae f	Kleopatra VII. (letzte Königin Ägyptens von 51–30 v. Chr.; von ihrem Bruder und Mitregenten Ptolemaios XIII. verstoßen, wurde sie von Cäsar, den die Verfolgung des Pompeius nach Ägypten geführt hatte, wieder eingesetzt. Kleopatra hatte zuerst ein Verhältnis mit Cäsar, später mit Antonius; 31 v. Chr. unterlagen sie und Antonius dem Heer des Octavian / Augustus bei Actium und sie beging daraufhin Selbstmord.)
Cluentius, ī m	Aulus Cluentius (Feldherr der Marser und Picener im Bundesgenossenkrieg gegen die Römer)
(L. Tarquinius) **Collātīnus,** ī m	Lucius Tarquinius Collatinus (Ehemann der Lucretia, die von Sextus Tarquinius vergewaltigt worden war, was die Vertreibung der Tarquinier aus Rom auslöste)
Ēpīrus, ī f	Epirus (Region im Nordwesten Griechenlands)
(Quīntus) **Fabius Maximus** (Cūnctātor)	Quintus Fabius Maximus (um 280–203 v. Chr.; röm. Staatsmann und Feldherr. Nach der verheerenden Niederlage gegen Hannibal am Trasimenischen See 217 v. Chr. wurde Fabius zum Diktator ernannt. Seine Hinhaltetaktik gegenüber den Karthagern brachte ihm den Beinamen *Cunctator* („der Zauderer") ein.)
Faliscī, ōrum m Pl.	die Falisker (Einwohner der Stadt Falerii; Verbündete der Etrusker und der etruskischen Stadt Veji, Gegner der Römer)
Fulvius, ī m	Gnaeus Fulvius Centumalus (Konsul 211 v. Chr., fiel 210 v. Chr. in einer Schlacht gegen Hannibal)
Gallia, ae f	Gallien (Land der Gallier / Kelten, die in der 1. Hälfte des 1. Jh.s v. Chr. von Osten eingewandert waren; umfasste Oberitalien (Gallia Cisalpina, 222–191 v. Chr. von Rom unterworfen) und das heutige Frankreich und Belgien (Gallia Transalpina, 58–51 v. Chr. von Cäsar unterworfen). Seit dem 3. Jh. n. Chr. kam es zu Germaneneinfällen. Im 5. Jh. beseitigten die Franken die letzten Reste röm. Herrschaft.)
Graecia, ae f	Griechenland (seit 146 v. Chr. röm. Provinz Achaia)
Hannibal, alis m	Hannibal (Sohn des Hamilcar, 247–183 v. Chr.; Feldherr der Karthager im 2. Punischen Krieg 218–201 v. Chr. Sein Vater Hamilcar brachte ihn 237 v. Chr. nach Spanien, nachdem er ihn ewigen Hass auf Rom hatte schwören lassen. Hannibals kühner Plan, den Krieg gegen Rom in Italien auszutragen (Alpenübergang), brachte die Römer mehrfach an den Rand des Zusammenbruchs. Nach sechzehn Kriegsjahren in Italien musste er 203 v. Chr. mit seinem unbesiegten Heer nach Afrika zurückkehren, um Karthago gegen einen Angriff der Römer zu verteidigen. 202 v. Chr. wurde er von Scipio in der Schlacht bei Zama geschlagen. 183 v. Chr. nahm sich Hannibal, verfolgt von den auf Rache sinnenden Römern, das Leben.)
Hannō, ōnis m	Hanno (karthagischer Feldherr unter Hannibal)
Hasdrubal, alis m	Hasdrubal (Bruder Hannibals und nach ihm fähigster karthagischer Feldherr im 2. Punischen Krieg)
(T.) **Herennius,** ī m	Titus Herennius (Feldherr der Marser und Picener im Bundesgenossenkrieg gegen die Römer)
Hispānia, ae f	Spanien (seit 197 v. Chr. röm. Provinz)

Lepidus, ī m	Marcus Aemilius Lepidus (90–12 v. Chr.; Anhänger Cäsars und mit Octavian und Marcus Antonius im zweiten Triumvirat, später Pontifex Maximus)
Ligurēs, um m Pl.	die Ligurer (Volk des westlichen Alpenraums, das 187–175 v. Chr. erbitterte Widerstandskriege gegen die Römer führte)
Lucrētia, ae f	Lucretia (Frau des Collatinus; wurde von Sextus Tarquinius vergewaltigt, was die Vertreibung der etruskischen Tarquinier als Herrscher von Rom nach sich zog)
Macedonia, ae f	Makedonien (seit 146 v. Chr. röm. Provinz Macedonia)
Mārcellus, ī m	Marcus Claudius Marcellus (268–208 v. Chr.; röm. General im 2. Punischen Krieg, Eroberer von Syrakus, mehrmaliger Konsul)
Mārcellus, ī m	Marcus Claudius Marcellus (95–45 v. Chr.; röm. Politiker der späten Republik, Konsul 51 v. Chr., Gegner Cäsars, nach dessen Sieg im Bürgerkrieg Exil auf der Insel Lesbos. Cicero erreichte mit seiner Rede „Pro Marcello" dessen Begnadigung; auf dem Weg nach Rom wurde Marcellus in der Hafenstadt Piräus ermordet.)
(C.) **Marius**	Gaius Marius (158–86 v. Chr.; röm. Feldherr und Staatsmann, der als *homo novus* in die Geschichte Roms einging. Er bekleidete insgesamt siebenmal das Konsulat. Seinen ersten Triumph feierte er nach dem Sieg über den afrikanischen König Jugurtha, den zweiten über die gefürchteten Germanenstämme der Kimbern und Teutonen. Für diesen Sieg wurde er als dritter Gründer Roms nach Romulus und dem legendären Gallierbezwinger Camillus verehrt. Gegen die Senatsnobilität unterstützte er politisch die Bewegung der Popularen. Konkurrenzgerangel um den Zuschlag zur Kriegführung gegen König Mithridates führte zum Bürgerkrieg, den er gegen Sulla führte.)
Mārs, Mārtis m	Mars (griech. Ares, Gott des Krieges)
Mārsī, ōrum m Pl.	die Marser (Volksstamm im antiken Italien, benannt nach dem Gott Mars. Mythologische Erzählungen ließen die Marser von der Zauberin Kirke abstammen, was sie vor Schlangenbissen geschützt habe. Sie waren als Schlangenzähmer berühmt. Weil sich die Marser gegenüber den röm. Bürgern zunehmend zurückgesetzt fühlten, erhoben sie sich 91 v. Chr. zusammen mit anderen italischen Bundesgenossen gegen Rom (Bundesgenossenkrieg, auch *bellum Marsicum* genannt). Nach dem Ende des Krieges 88 v. Chr. erhielten sie wie fast alle Einwohner Italiens das röm. Bürgerrecht.)
Mithridātēs, is m	Mithridates VI. (132–63 v. Chr., König von Pontos, das zum größten und einflussreichsten Königreich Kleinasiens wurde und für kurze Zeit die Vorherrschaft Roms in Frage stellte. Er führte drei Kriege gegen Rom, wurde 63 v. Chr. von Pompeius besiegt, der den Osten des Reiches daraufhin neu ordnete.)
Nōla, ae f	Nola (süditalienische Stadt ca. 35 km von Neapel entfernt, Sterbeort des Augustus)
Numa Pompilius	Numa Pompilius (zweiter röm. König, galt als besonders weise und fromm. Die Römer schrieben ihm viele ihrer religiösen Einrichtungen zu: Feste, Opfer und Riten, die Pontifices und Vestalinnen.)
Numidī, ōrum m Pl.	die Numider (ein Berbervolk in Nordafrika)
Octāviānus, ī m	→ Augustus
Octāvius, ī m	Gnaeus Octavius (87 v. Chr. Konsul; sein Mitkonsul war Lucius Cornelius Cinna)
Oriens, ntis m	der Orient (der Osten des röm. Reiches, das Morgenland)
Paelīgnī, ōrum m Pl.	die Paeligner (ein mittelitalischer Stamm. Ihr Siedlungsgebiet lag östlich von Rom in den Hochtälern des Apenningebirges. Ihre Hauptstadt war Corfinium. Die Paeligner waren bereits im 4. Jh. v. Chr. Verbündete der Römer und blieben es bis zum Bundesgenossenkrieg (91–88 v. Chr.). Danach wurden sie schnell romanisiert.)
Palaeo-pharsālus, ī f	Alt-Pharsalus (Stadt in Thessalien, bei der die Schlacht von Pharsalos zwischen Cäsar und Pompeius stattfand)
Palātium, ī n	Palatin (einer der sieben Hügel Roms; ältester besiedelter Teil der Stadt. Viele prominente Römer hatten hier ihre Häuser, z.B. Cicero, Crassus und Marcus Antonius. Kaiser Augustus errichtete hier seinen Wohnsitz, den man *palatia* (n Pl.) nannte, wovon sich das deutsche Wort „Palast" herleitet. Großenteils erhalten ist das Haus von Augustus' Gemahlin Livia. Nach dem Brand Roms erweiterte Kaiser Nero die Anlage beträchtlich.)
Parthī, ōrum m Pl.	die Parther (persisches Reitervolk und Konkurrent Roms um die Macht im Osten. Der Triumvir Crassus hatte 53 v. Chr. in der Schlacht bei Carrhae mehrere Legionen, die Feldzeichen und sein Leben gegen die Parther verloren. Auch Cäsar und Marcus Antonius bereiteten Feldzüge gegen die Parther vor, zu denen es nicht kam. 20 v. Chr. holte Augustus auf diplomatischem Wege die Feldzeichen nach Rom zurück.)
Persae, ārum m Pl.	die Perser
(M.) **Petrēius,** ī m	Marcus Petreius (110–46 v. Chr.; röm. Politiker und Feldherr, Gegner Cäsars, im Bürgerkrieg Legat auf der Seite des Pompeius)
Philippī, ōrum m Pl.	Philippi (antike Stadt in Makedonien, Austragungsort der gleichnamigen Schlacht 42 v. Chr. der Cäsaranhänger Marcus Antonius und Octavian gegen die Cäsarmörder Cassius und Brutus)
Pīcentēs, tium m Pl.	die Picener (Volksstamm im antiken Italien, Gegner Roms im Bundesgenossenkrieg)
Poenī, ōrum m Pl.	die Punier / Karthager
(Cn.) **Pompēius** (Magnus)	Gnaeus Pompeius Magnus (106–48 v. Chr.; einflussreicher Politiker und Feldherr. 75–72 v. Chr. bekämpfte er den in Spanien revoltierenden Feldherrn Sertorius. 71 v. Chr. schlug er den Sklavenaufstand des Spartakus nieder. 67 v. Chr. ging er im Auftrag des Senats erfolgreich gegen das Seeräuberwesen im Mittelmeer vor. Nachdem er vor allem im Osten des Reiches viele militärische Siege für Rom errungen hatte, wurde er im Bürgerkrieg der Hauptgegner Cäsars; er unterlag diesem 48 v. Chr. in der Schlacht von Pharsalos, musste fliehen und wurde auf der Flucht nach Ägypten ermordet.)

Pontus, ī m	Pontos (Königreich in Kleinasien)
Pȳrēnaeī montēs m Pl.	die Pyrenäen (Gebirgszug zwischen Spanien und Frankreich)
Rēa Silvia, ae f	Rea Silvia (die Tochter des Numitor, des Königs von Alba Longa. Ihr Onkel Amulius, der seinen Bruder Numitor vom Thron gestürzt hatte, machte Rea zur Vestapriesterin, um zu verhindern, dass sie Kinder bekäme, denn die Priesterinnen der Vesta mussten unverheiratet und kinderlos bleiben. Der Kriegsgott Mars aber durchkreuzte die Pläne des Amulius und zeugte mit Rea die Zwillinge Romulus und Remus.)
Rēgulus, ī m	Marcus Atilius Regulus (Konsul 267 v. Chr. Während des Krieges zwischen Rom und Karthago setzte er 256 v. Chr. mit einer Flotte nach Nordafrika über, um die Karthager in ihrer Heimat zu bedrohen. In Afrika konnte Regulus zunächst einige Erfolge erringen, bis die Karthager sein Heer vernichtend schlugen und ihn gefangen nahmen. Regulus soll auf Ehrenwort freigelassen und als Unterhändler nach Rom geschickt worden sein; dort habe er - anders als mit den Karthagern vereinbart - den Senat aufgefordert, den Kampf gegen Karthago fortzusetzen. Dann sei er pflichtgetreu nach Karthago zurückgekehrt und dort getötet worden. Die Geschichtswissenschaft hat große Zweifel an dieser Legende, die Regulus als Verkörperung klassischer Römertugend zeichnet, die den Staat über persönliches Wohlergehen stellt.)
Remus, ī m	Remus (Zwillingsbruder von Romulus, von dem er erschlagen wurde)
Rōmulus, ī m	Romulus (sagenhafter Gründer und erster König Roms im 8. Jh. v. Chr. Zwillingsbruder von Remus. Die beiden Jungen wurden als Kinder von ihrem Großonkel Amulius ausgesetzt. Eine Wölfin säugte sie jedoch, bis der Hirte Faustulus sich ihrer annahm. Als die Zwillinge erwachsen waren, stürzten sie Amulius und setzten dessen Bruder Numitor, ihren Großvater, wieder in die Herrschaft ein. Zum Dank gestattete Numitor ihnen, eine Stadt zu gründen. Romulus und Remus gerieten jedoch in Streit, wer der Namensgeber der Stadt sein würde. Bei diesem Streit erschlug Romulus seinen Bruder. Gegründet wurde Rom der Sage nach am 21. April 753 v. Chr.)
(P.) **Rutīlius** (cōnsul)	Publius Rutilius Rufus (röm. Politiker der späten Republik. Kurz nach Ausbruch des Bundesgenossenkrieges wurde er Konsul des Jahres 90 v. Chr. Rutilius übernahm das Kommando auf dem nördlichen Kriegsschauplatz. Während eines Militäreinsatzes wurde er von den Marsern in einen Hinterhalt gelockt und getötet.)
Saguntum, ī n	Sagunt (Stadt im Osten Spaniens. Die wirtschaftlich bedeutende Stadt war mit Rom gegen Karthago verbündet. 219 v. Chr. eroberte Hannibal die Stadt und löste damit den 2. Punischen Krieg aus.)
(P. Cornēlius) **Scīpiō** (Āfricānus māior), ōnis m	Scipio (röm. Politiker und Feldherr; im Jahr 206 v. Chr. hat er die Karthager aus Spanien vertrieben; Sieger über Hannibal 202 v. Chr. in der Schlacht bei Zama, erhielt daraufhin den ehrenden Beinamen Africanus.)
(Ti.) **Semprōnius,** ī m	Tiberius Sempronius Longus (gemeinsam mit Publius Cornelius Scipio röm. Konsul im Jahre 218 v. Chr., also zu Beginn des 2. Punischen Krieges. Die röm. Strategie bestand darin, die Karthager sowohl in ihrer afrikanischen Heimat als auch in Spanien anzugreifen. Scipio sollte mit seiner Flotte in Spanien landen, während Sempronius auf Sizilien die nötigen Vorbereitungen für einen Angriff auf Africa traf. Die Entwicklung im Norden machte die röm. Planungen jedoch schnell zunichte. Hannibal überquerte überraschend die Alpen, sodass Scipio sich gezwungen sah, in Oberitalien eine Verteidigungslinie aufzubauen.)
Senonēs, num m Pl.	die Senonen (keltischer Stamm des Altertums, der in Gallien und später in Norditalien siedelte)
Sicilia, ae f	Sizilien (Insel an der „Stiefelspitze" Italiens, wurde 241 v. Chr. erste röm. Provinz)
Sulla, ae m	Lucius Cornelius Sulla Felix (138–78 v. Chr.; röm. Politiker, Feldherr und Diktator in der späten Republik. Als Quästor des Feldherrn Marius beendete er den Krieg gegen den afrikanischen König Jugurtha und wurde nach Erfolgen im Bundesgenossenkrieg Konsul des Jahres 88 v. Chr. Als führender Vertreter der konservativen Adelspartei der Optimaten marschierte er in den Jahren 88 und 83 v. Chr. auf Rom, um die Popularen zu vertreiben. Nach dem Sieg im Bürgerkrieg ließ Sulla sich 82 v. Chr. zum Diktator ernennen. Auf der Grundlage der zeitlich unbeschränkten Kompetenz *legibus scribundis et rei publicae constituendae* („Gesetze zu geben und den Staat zu ordnen") führte er die ersten Proskriptionen der röm. Geschichte durch und ließ tausende röm. Adelige töten. Seine Verfassungsreformen zielten auf die dauerhafte Stärkung der Senatsherrschaft und eine Schwächung demokratischer Institutionen wie des Volkstribunats. Im Jahre 79 v. Chr. legte Sulla die Diktatur nieder und zog sich ins Privatleben zurück. Seine Schreckensherrschaft konnte den Bürgerkrieg und den Untergang der alten Republik aber nur kurzzeitig aufhalten.)
(P.) **Sulpicius,** ī m	Publius Sulpicius Galba Maximus (211 v. Chr. Konsul, als er Rom gegen den Überraschungsangriff Hannibals verteidigte)
Sulpicius, ī m	Publius Sulpicius Rufus (121–88 v. Chr.; Redner und Politiker in der späten röm. Republik. Als Patrizier trat er nach dem Bundesgenossenkrieg vermutlich zur Plebs über, um für das Volkstribunat kandidieren zu können. Sulpicius arbeitete später mit dem Popularen Marius zusammen und setzte dessen Gesetzesvorschläge über die Volksversammlung durch.)